Christina Buchner · Lesen lernen mit links

Christina Buchner

Lesen lernen mit links

**... und rechts, gehirnfreundlich
und ohne Stress.
Bilder, Geschichten, Ideen
für Lehrer, Eltern und
Therapeuten**

VAK Verlags GmbH
Kirchzarten bei Freiburg

Die Deutsche Bibliothek – CIP-Einheitsaufnahme

Buchner, Christina:
Lesen lernen mit links : ... und rechts, gehirnfreundlich und ohne Stress ;
Bilder, Geschichten, Ideen für Lehrer, Eltern und Therapeuten /
Christina Buchner. – 5. Aufl. – Kirchzarten bei Freiburg:
VAK Verlags GmbH, 1999
ISBN 3-924077-49-5

5. Auflage 1999 (in neuer Rechtschreibung)
© VAK Verlags GmbH, Kirchzarten bei Freiburg 1993
Zeichnungen: Christina Buchner
Lektorat und Layout: Norbert Gehlen
Umschlag: Hugo Waschkowski
Druck und Bindung: Media-Print GmbH, Paderborn
Printed in Germany
ISBN 3-924077-49-5

Inhaltsverzeichnis

Teil I: Eine neue Leselernmethode	7
Einführung	8
1. Voraussetzungen für erfolgreiches Lernen	9
Eine intakte „Hardware"	9
Die „Software" muss stimmen	12
Positive Gefühle beim Lernen	12
Unser Glaubenssystem muss uns erlauben, Erfolg zu haben	13
2. Ein gehirnfreundlicher Leselehrgang	14
Die Leselust muss geweckt und erhalten werden	14
Wir haben zwei Gehirne zum Lernen und nicht nur eines	14
Die Lesefähigkeit muss sich individuell entfalten können	16
3. Wie kann dieses Buch sinnvoll eingesetzt werden?	17
Teil II: Materialien zum Lesenlernen	23
Anton mit dem langen Arm	24
Bruno Brezel, der längste Dackel der Welt	32
Cäsar, der Clown	39
Dora Dussel, die schusslige Ente	43
Ella Elefant	48
Fredi Frosch	53
Das Märchen von der goldenen Gans	58
Die hopsende Hilda	67
Isidor Igel	72
Die Geschichte von Jocki Jockel	77
König Karl sitzt in der Klemme	84
Leo, das lustige Lama	91
Mimi mit der kleinen Maus	98
Sieben weiße Nordpolhasen	105
Ottos tolle Oma	110
Popcorn – Plopcorn	116
Quittengelee	121
Roland, der rasende Rennfahrer	126
Susi Sausewind	131
Tom Trampeltier	137
Die Unke Ulla	143
Vroni Vogelschreck	150
Der wilde Wassermann	155
Xaver macht die tollsten Faxen	161
Yvonne macht Krach	164
Zara Zefirotti	167

Anhang:
Geschichten zum Abschreiben und Lesen 173
Quellenverzeichnis 186
Über die Autorin 188

Teil I
Eine neue Leselernmethode

Einführung

Lesen ist etwas Wunderbares für den, der gerne liest. Damit man aber zu einem Gerne-Leser werden kann, muss man zunächst einmal lesen können. Schlechte Leser bewegen sich in einem Teufelskreis, den sie alleine nicht durchbrechen können: Das Lesen fällt ihnen schwer, deshalb lesen sie nicht gerne, also lesen sie wenig. Weil sie wenig lesen, können sie erst recht nicht lesen, und weil sie es nicht können, wollen sie nicht lesen ...

Um aus diesem Teufelskreis auszubrechen, ist kompetente Hilfe nötig. Dass diese aber gar nicht so leicht zu bekommen ist, weiß jeder, der mit dem Problem „Leseunlust" oder „Leseschwäche" schon einmal konfrontiert war. Und außerdem ist es immer besser, die Milch gar nicht erst zu verschütten, als sich hinterher darüber zu grämen. Das heißt im Klartext, dass sich viele Lernstörungen überhaupt nicht manifestieren müssten, wenn alle Beteiligten von Anfang an wüssten, worauf es ankommt, und das dann auch beachten würden.

Die theoretischen Hintergründe des Leselernprozesses habe ich ausführlich in meinem Buch „Neues Lesen – Neues Lernen" (1) geschildert. Einige der darin behandelten Themen zähle ich hier kurz auf, damit Sie sich eine Vorstellung vom Inhalt machen können:

- Kinder brauchen von Anfang an motivierende Texte, die ihrer Intelligenz gerecht werden und sie nicht unterfordern.

- Andererseits ist eine Überforderung durch zu schnelles Einspeichern der abstrakten Buchstabensymbole unbedingt zu vermeiden.

- Der Leselernprozeß muß gehirnfreundlich gestaltet werden und darf sich nicht nur an die linke Gehirnhälfte richten.

- Viele Lernstörungen können durch richtiges Vorgehen, kombiniert mit entsprechenden gezielten Übungen (siehe S. 9 ff.), vermieden werden.

Hier werde ich auf diese theoretischen Hintergründe nur so weit eingehen, wie es nötig ist, damit Sie das vorliegende Material optimal einsetzen können.

Gleichgültig, ob Sie sich in Ihrer Eigenschaft als Eltern, Lehrer, Logopäden oder was auch immer für diese Thematik interessieren: Sie können Kindern helfen, besser und lieber zu lesen.

Vier Voraussetzungen für erfolgreiches Lernen

Eine intakte „Hardware"

Manche Schulkinder haben von Anfang an keinerlei Schwierigkeiten mit dem Lernen, für andere dagegen ist die Schule von Anfang an alles andere als ein Honiglecken. Früher wurde das ganz einfach erklärt: Die einen nannte man „gescheit", die anderen „dumm".

Heute wissen wir mehr darüber, warum die „Maschine" Gehirn - unsere „Hardware" - nicht immer gut funktioniert: Bewegungsarmut in der frühen Kindheit, fehlende Krabbelphase, ungünstige Dominanzmuster, das Erleben von Angst und Schmerz im Zusammenhang mit Lernen sind nur einige der Faktoren, die eine Rolle spielen können.

Eine schlecht funktionierende „Hardware" kann die Ursache sein, wenn Kinder rechts und links verwechseln, sich keine Buchstaben merken, ähnliche Formen nicht unterscheiden können, nicht zusammenlesen können, den Sinn des Gelesenen nicht verstehen.

Weil in jeder Klasse eine Reihe von Schülern zunächst einmal die genannten Symptome aufweist, sollten unbedingt von Anfang an kinesiologische Übungen den Leselehrgang begleiten. „Kinesiologie" hat zu tun mit Bewegungen. Die aus dem Griechischen stammenden Fremdwörter „Kinetik" - Lehre von der Bewegung durch Kräfte - und „kinetisch" - bewegend, auf Bewegung bezogen - sind Ihnen sicher vertraut. Es gibt auch noch den Kinematographen, der uns bewegte Bilder zeigt. Und obwohl Kinesiologie weit mehr ist als nur eine Lehre von den Bewegungen, genügt uns dieser Aspekt in dem hier behandelten Zusammenhang.

Bestimmte Gehirnfunktionen hängen zusammen mit bestimmten Bewegungen. Eine entsprechende Dysfunktion im motorischen Bereich zeigt uns, wo neurologische Defizite vorhanden sind. Sie können das ganz einfach in Ihrer Schulklasse überprüfen. Lassen Sie Ihre Schüler Überkreuzbewegungen ausführen:

Die rechte Hand (oder der rechte Ellbogen) berührt das linke Knie; die linke Hand (oder der linke Ellbogen) berührt das rechte Knie usw., im Wechsel. (Vgl. dazu die Abbildungen auf S. 11)

Sie werden sehen, dass manche Kinder diese Bewegung sofort können und sie genau, rhythmisch und nicht zu hastig ausführen. Bei anderen werden Sie aber beobachten, dass sie größte Schwierigkeiten haben, das rechte Knie mit der linken und das linke Knie mit der rechten Hand zu berühren. Wahrscheinlich wird Ihnen dann auch auffallen, dass das genau die Kinder sind, die in einem oder mehreren Lernbereichen Probleme haben.

Und nun machen Sie noch die Probe aufs Exempel mit einer weiteren Übung, mit der liegenden Acht, die mit einer oder mit beiden Händen möglichst groß in die Luft gezeichnet wird. Dabei ist auf die richtige Bewegungsrichtung zu achten: in der Mitte aufwärts und außen abwärts.

Auch hier werden Ihnen sofort Kinder auffallen, die einfach nicht in der Lage sind, die liegende Acht in die Luft zu zeichnen. Folgende Fehlformen sind meistens zu beobachten:

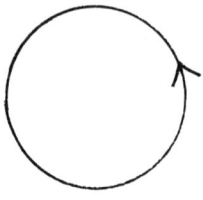

Nur Kreise statt der Achter.

Schaukelbewegungen statt der Achter.

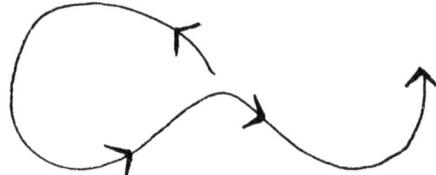

Das Unvermögen, in der Mitte zu kreuzen.

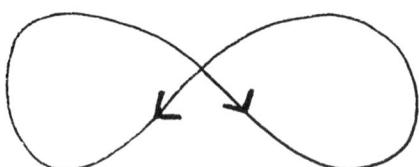

Die Bewegung läuft in der Mitte abwärts.

Wie bei der Überkreuzbewegung sind es auch hier nicht irgendwelche Kinder, die mit der liegenden Acht Probleme haben, sondern solche, denen bestimmte schulische Leistungen schwer fallen.

Wenn nun durch tägliches „Gehirnturnen" diese beiden und verschiedene andere Bewegungen gründlich geübt werden, erleichtert das auch die damit zusammenhängenden Gehirntätigkeiten. Falls Sie noch keine Bekanntschaft mit der Kinesiologie gemacht haben, sollten Sie sich darüber unbedingt eingehender informieren. (2) Vielleicht hat Ihnen dieser kurze Abriss, der wirklich nur die Spitze des Eisbergs sehen lässt, darauf Appetit gemacht.

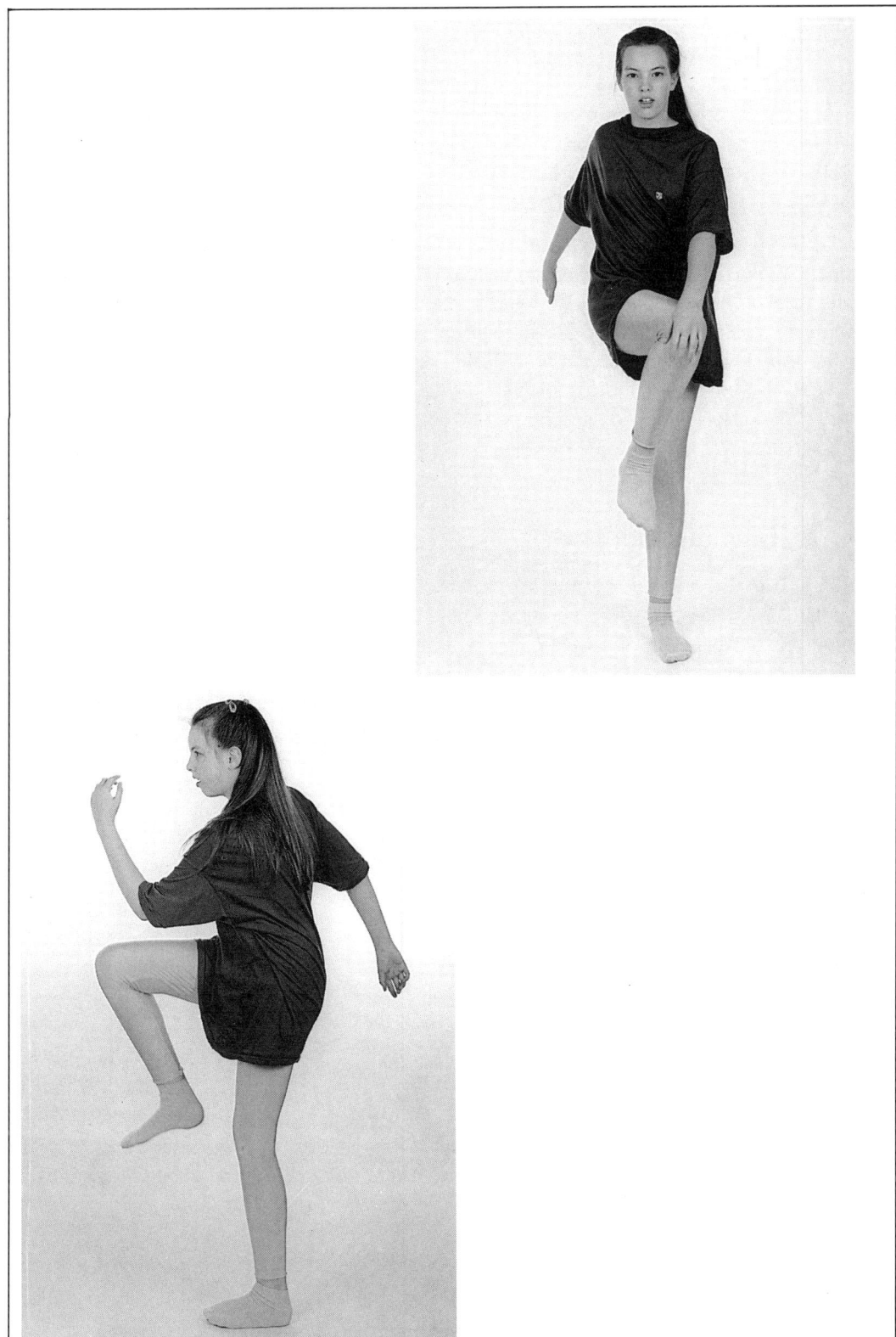

Die „Software" muss stimmen

Wenn Sie sich einen Computer kaufen, dann nützt Ihnen die Hardware – das Gerät allein – sehr wenig: Sie brauchen ein entsprechendes Programm – eine Software – dazu. Die wiederum muss zu Ihrem Gerät passen, darauf abgestimmt sein. Was die Software für den Computer, das ist die Lernmethode für unser Gehirn: Sie muss ebenfalls darauf abgestimmt sein.

Deshalb müssen wir zuerst einmal wissen, welche Art von „Maschine" uns für das Lernen zur Verfügung steht; wir brauchen also Informationen über die Funktionsweise des Gehirns. Dieser Aspekt wird beim herkömmlichen Lesenlernen – und überhaupt beim Lernen in der Schule – noch völlig außer Acht gelassen. Dann müssen wir uns natürlich auch darüber klar sein, was genau gelernt werden soll. Für das Lesen gibt es einige grundlegende Kenntnisse und Funktionen. Wie sie auf gehirnfreundliche Weise vermittelt werden können, will Ihnen dieses Buch zeigen.

Positive Gefühle beim Lernen

Wir alle wissen, dass wir *das* am besten tun, was wir gerne tun, ob es nun um berufliche Tätigkeiten, um Freizeitaktivitäten, um das Kochen oder um das Lernen geht. Wann lernen Kinder gerne? Meiner Erfahrung nach am ehesten dann, wenn es ihnen Spaß macht, wenn es mit Lustgefühlen verbunden ist, einen gewissen Erlebniswert besitzt und ihnen Erfolgserlebnisse verschafft. Dass das beim herkömmlichen schulischen Lernen nur sehr bedingt der Fall ist, brauche ich sicher nicht besonders zu betonen. Jeder Lehrer, der so unterrichtet, wie er es während seiner Ausbildung gelernt hat, und viele Eltern mit schulpflichtigen Kindern wissen das.

Damit aus ABC-Schützen Gerne-Leser werden, muss der Leselernprozeß mit positiven Gefühlen und Erfahrungen verknüpft sein. Dieses Buch soll Ihnen zeigen, wie das möglich gemacht werden kann.

Unser Glaubenssystem muss uns erlauben, Erfolg zu haben

Können Sie sich vorstellen, dass so etwas passiert? Sabrina geht in die erste Klasse. Voller Begeisterung hat sie die ersten Buchstaben gelernt. Sie kann bereits recht gut zusammenlesen. Da kommt ein neuer Buchstabe: das E. Aus irgendeinem Grund kann sie sich den nicht merken. Wörter, in denen ein E vorkommt, kann sie nicht lesen. Doch nach einigen Tagen *kann sie plötzlich auch die Buchstaben, die sie vorher sicher beherrschte, nicht mehr*. Sie ist durch den einen Misserfolg auf weitere Misserfolge programmiert worden. Und jedesmal, wenn sie wieder Schwierigkeiten beim Lesen hat, wird diese Programmierung verstärkt.

Durch einen lustbetonten, gehirnfreundlichen Leselehrgang können viele derartige Misserfolgserlebnisse vermieden werden. Wohlgemerkt: Viele, aber nicht alle! Das zu behaupten wäre unseriös. Wenn Sie jedoch Ihr Kind oder Ihre Schüler auf die richtige Weise an das Lesen heranführen und bei eventuell auftretenden Problemen mit kinesiologischen Übungen nachhelfen, dann werden Sie Erfolg haben.

Sie wollen sicher wissen, wie es mit Sabrina weitergegangen ist? Wir haben zunächst einmal den Stressbuchstaben E eine Woche lang täglich mit einer kinesiologischen Übung aus dem One-Brain-Programm von Gordon Stokes und Daniel Whiteside „entschärft". (3) „One Brain" heißt ein kinesiologischer Workshop, bei dem es unter anderem darum geht, legasthenische Störungen und „blinde Flecken" in der Wahrnehmung, die durch emotionalen Stress entstanden sind, zu identifizieren und aufzuheben.

In Sabrinas Fall wurde das E durch grob- und feinmotorische Bewegungen und durch eine kurze mentale Übung integriert, so dass Körper und Geist damit „einverstanden" waren. Nach kurzer Zeit war dieser Buchstabe für sie kein Problem mehr. Sabrina hatte auch mit keinem der nachfolgenden Buchstaben Schwierigkeiten und wurde zu einer der besten und eifrigsten Leserinnen der Klasse.

Was wäre aber mit ihr passiert, hätte sie die „E-Hürde" nicht genommen? Sich das vorzustellen erfordert nicht sehr viel Phantasie, denn die Klassenzimmer sind voll mit Kindern, die irgendwann einmal aus dem Lernprozess ausgestiegen sind und keinen Zugang dazu mehr gefunden haben. Sehr schnell verfestigt sich dann die Überzeugung: „Es hat keinen Sinn. Das kann ich ja doch nicht". Wenn es aber erst einmal so weit gekommen ist, dann hat „es" wirklich fast keinen Sinn mehr, weil ihr Glaubenssystem diesen Kindern dann nicht mehr erlaubt, Erfolg zu haben.

Eine Kombination aus einem gehirnfreundlichen Leselehrgang und vorbeugenden bzw. gezielten kinesiologischen Übungen bietet Ihnen und Ihren Kindern ein Maximum an Erfolgsmöglichkeiten. Bei Sabrina lag die Ursache für ihr „E-Problem" wahrscheinlich irgendwo im Wahrnehmungsbereich, also auf der neurologischen Ebene. Mindestens genauso häufig wie durch derartige Störungen im Bereich der „Hardware" werden Leseschwierigkeiten jedoch durch einen „gehirnfeindlichen" Leselehrgang verursacht. Wie auch immer, der Mechanismus bleibt stets der gleiche: Ein Misserfolg zieht weitere Misserfolge nach sich. Und es kommt mir sehr naiv und töricht vor, das Hauptaugenmerk auf die Förderung bereits lerngestörter Kinder zu richten. Meine Maxime heißt vielmehr: Der erste Misserfolg muss vermieden werden!

Ein gehirnfreundlicher Leselehrgang

Die Leselust muss geweckt und erhalten werden

Alle Kinder lieben Geschichten. Das ist eine banale Wahrheit, die aber den Autoren der herkömmlichen Schulfibeln nicht bekannt zu sein scheint; sonst würden sie die Kinder nicht mit derart öden Texten langweilen. Wie kann glaubhaft gemacht werden, dass Lesen Unterhaltung, Spannung und Spaß bedeuten kann, wenn das Medium, das diese Botschaft übermitteln soll, keine Spur davon zeigt? „The medium is the message – Das Medium ist die Botschaft", sagt Marshall McLuhan. (4) Was lernen wir daraus? Wir müssen die Inhalte – Buchstaben und Lesetechnik – so vermitteln, dass das Postulat „Lesen soll Spaß machen" von Anfang an stimmt.

Wir brauchen dafür das richtige Medium: Geschichten, deren Handlung die Kinder anspricht. Dass nebenbei auch „ernsthaft" geübt wird, vermindert den Lesespaß nicht, denn Arbeit an sich wird von den Kindern zunächst ja als lustvoll empfunden. Aber die Inhalte müssen stimmen. Als Geschichte getarnte Satzfragmente wie:

> „Wo ist Uli?
>
> Wo ist Evi?
>
> Wo ist Otto?"

sind für ein normal begabtes Kind eine Zumutung. Wenn es sich aber für die Geschichten, mit denen es das Lesen lernt, interessiert, wenn es Freude daran hat, dann entwickelt es auch für das Lernen an sich viel leichter positive Gefühle, die wiederum eine wichtige Voraussetzung für den Lernerfolg sind.

Wir haben zwei Gehirne zum Lernen und nicht nur eines

Seit den bahnbrechenden Forschungen von Roger Sperry und Michael Gazzaniga (5) wissen wir, dass jede unserer Gehirnhälften ein Spezialist für bestimmte Bereiche und Funktionsweisen ist. Sperry und Gazzaniga gelangten zu ihren Erkenntnissen durch Untersuchungen an Split-Brain-Patienten, denen man das Corpus callosum, die Verbindung zwischen den beiden Gehirnhälften, durchtrennt hatte, um die Häufigkeit epileptischer Anfälle zu verringern. So war es möglich, mit Hilfe bestimmter technischer Vorrichtungen die Gehirnhälften einzeln zu „befragen" und herauszufinden, wofür jede Seite zuständig ist.

Ein genaueres Eingehen auf die Hintergründe würde den Rahmen dieses Buches sprengen. Ich habe jedoch an anderer Stelle ausführlich über die Zusammenhänge berichtet. (6) Hier möchte ich Ihnen nur einen kurzen Überblick über die Funktionsweise der beiden Hemisphären geben:

Linke Hemisphäre	**Rechte Hemisphäre**
linear	ganzheitlich
logisch	empfindsam
analytisch	einfühlsam
angespannt	synthetisch
Sprache	ganze Bilder
Logik	Gesamteindruck
Mathematik	Visualisation
abstrakte Symbole	Musik
Zahlen	Rhythmus
Buchstaben	Tanz
Regeln	Kinästhetik
Sequenzen	Raumgefühl
Rechtschreiben	Tastsinn
männlich	Gerüche
	Entspannung
	weiblich

Ein Leselehrgang, der sich in erster Linie darauf konzentriert, den Schülern die abstrakten Zeichen – etwas anderes sind die Buchstaben ja nicht – so schnell wie möglich beizubringen, wendet sich zu sehr an das linke Gehirn und lässt die Möglichkeiten des rechten außer Acht. Nun heißt „gehirnfreundliches" Lernen aber nicht „linkshirniges Lernen", es heißt auch nicht „rechtshirniges Lernen", es heißt „beidhirniges Lernen". (7) Das ist übrigens das bewährte Prinzip aller „Eselsbrücken": Sie verbinden etwas Linkshirniges – zum Beispiel eine Geschichtszahl oder eine Rechtschreibregel – mit etwas Rechtshirnigem, meist einem Vers:

Wer „nämlich" mit h schreibt ist dämlich.

7 5 3 schlüpfte Rom aus dem Ei.

Eins quadrat und zwei quadrat (1122)

war das Wormser Konkordat.

Sind die linkshirnigen Buchstaben verpackt in rechtshirnige Geschichten und werden sie zusätzlich noch verankert über äußere und innere Bilder, über grobmotorische Bewegungen, Tastsinn, Geruch und Geschmack, dann verlieren sie ihren abstrakten, abweisenden und nichtssagenden Charakter und werden zu Gestalten, die dem Kind sehr wohl etwas sagen. Und nichts anderes ist schließlich Lesen, als dass uns die Buchstaben etwas sagen.

Und nun noch ein Wort speziell an Lehrer:

Die Lesefähigkeit muss sich individuell entfalten können

Obwohl unser Schulsystem darauf abgestellt ist, dass alle Kinder zur gleichen Zeit das Gleiche lernen, muss gesagt werden: Die Wirklichkeit sieht ganz anders aus. Da gibt es Schüler, die bräuchten genau genommen überhaupt keinen Lehrer, ja, selbst der schlechteste Lehrer könnte nicht verhindern, dass sie das Lesen lernen. Ihnen wird es im herkömmlichen Unterricht schnell langweilig, sie werden künstlich gebremst.

Dann gibt es Schüler, die sich dem Unterrichtstempo anpassen können, indem sie sich eben mehr anstrengen. Bei ihnen bleibt dafür der Spaß am Lernen auf der Strecke.

Den Letzten allerdings beißen die Hunde; und die Letzten, das sind in der Schule diejenigen, die Anlaufzeit benötigen, die allgemein langsamer sind oder die zwischendrin eine Verschnaufpause bräuchten.

Es sieht also beileibe nicht so aus, dass alle Kinder zur gleichen Zeit das Gleiche lernen. Es ist vielmehr so, dass es die einen lernen, die anderen eben nicht oder nur mit großer Mühe. Sie als Lehrer sollten Ihr Hauptaugenmerk auf letztere richten und sich in Ihrem Tempo an ihnen orientieren. In diesem Buch finden Sie ausreichend Material, um sich von der Gängelung durch die Fibel zu befreien und alle – schwache und schnelle Schüler – lustvoll zu beschäftigen.

Wie kann dieses Buch sinnvoll eingesetzt werden?

Das vorliegende Material läßt sich vielseitig verwenden. Der Flexibilität und dem Einfallsreichtum der Benutzer sind keine Grenzen gesetzt. Fassen Sie meine Vorschläge deshalb bitte als Anregung und nicht als verbindliche Gebrauchsanweisung auf. Ich werde Ihnen einfach sagen, wie ich vorgehe, wenn ich Buchstaben „durchnehme".

Dabei ist es aber nun keinesfalls so, dass ich mich immer an dieses Schema halte. Manchmal gestalte ich die nachfolgenden Übungen kürzer oder ich verändere die Reihenfolge. Es kommt auch darauf an, ob Sie (als Eltern) zu Hause mit Ihren Kindern üben oder (als Lehrer/in) in der Schule mit einer Klasse. Entscheiden Sie also immer von Fall zu Fall selbst, was Sie machen wollen. Und nun mein „Schema":

Ich erzähle die entsprechende Buchstabengeschichte

Zuerst sage ich: „Heute hört ihr die Geschichte von Hilda Hops". Die Geschichte könnte natürlich auch vorgelesen werden. Mir ist in diesem Fall das Erzählen lieber, weil es den besseren Kontakt zum „Publikum" ermöglicht.

Danach reden wir über die Geschichte. Manche Kinder wissen jetzt auch schon: Wir lernen das H!

Ich schreibe den neuen Buchstaben auf

Dazu ist keine Wandtafel nötig. Ein Blatt Papier tut's genauso. Wir betrachten das H h, schreiben es in die Luft, suchen Wörter mit H h.

Ich sage das Buchstabengedicht auf

Danach lerne ich es gleich mit den Kindern auswendig. Ich spreche es einige Male vor, die Kinder sprechen einzeln, in Gruppen und alle zusammen erst eine oder zwei Zeilen nach, dann einen Teil des Gedichtes, schließlich alles.

Wir stehen dann auf, sprechen das Gedicht gemeinsam und machen die Bewegungen dazu.

Wir lernen die Lautgeste

Wir betrachten jetzt nochmals das H h und überlegen, wie wir es mit dem Körper darstellen können. Dann machen wir alle miteinander die entsprechende Lautgeste und sagen dazu: Hhhhh...

Die Kinder bekommen das Buchstabengedicht

Ich teile die (kopierten) Blätter aus, auf denen in großer Schrift (wichtig!) das Buchstabengedicht steht. Jetzt wird Buchstabenjagd gemacht, das heißt: Alle H h im Gedicht werden zuerst einmal mit gefärbten Reiskörnern (8) belegt und danach farbig nachgefahren. Die Reiskörner machen Spaß, können aber bei Zeitmangel auch weggelassen werden. Dann suchen die Kinder auf den anderen Gedichtblättern, die sie schon haben, nach dem H h. Auf dem H-Blatt können sie auch noch die Buchstaben nachfahren, die sie schon kennen. Wer fertig ist, malt ein Bild zu dem Gedicht.

Wir betrachten das Buchstabenbild

Für die Schule kann man es leicht auf eine Folie zeichnen und am Tageslichtprojektor herzeigen. Bei der Einzelarbeit genügt ein Blatt mit dem Bild. Jetzt soll der Buchstabe darin entdeckt und mit Filzstift nachgefahren werden. Danach malen die Kinder das Bild mit Holzbuntstiften aus, da hebt sich der Filzstiftbuchstabe deutlich ab.

(Bei den Buchstabenbildern in Teil II ist die „Lösung" mit dem eingezeichneten Buchstaben jeweils in verkleinerter Form mit abgebildet. Wenn Sie die Buchstabenbilder für Ihr Kind/Ihre Kinder kopieren möchten, sollten Sie die Verkleinerungen abdecken.)

Wir arbeiten mit Wortkarten

Zu jeder Geschichte gibt es einige Wörter, die sich die Kinder als Ganzes merken. Diese Wörter kommen entweder in der Geschichte vor, oder sie enthalten ein H h. Manchmal treffen auch beide Kriterien zu.

Diese Wörter schreibe ich auf farbigen Fotokarton im Format 12 x 6 cm. Sie können auch Papierstreifen nehmen. Die Karten finde ich praktisch, weil ich sie gleich farbig nach Wortarten sortiere:

> Rot für Substantive
>
> Gelb für Verben
>
> Grün für Adjektive
>
> Lila für alles andere

Auf die Rückseite der roten Karten malen die Kinder das passende Bild.

Einige Kärtchenwörter sollten recht bald unabhängig von der Geschichte eingeführt werden, weil sie so gut verwendbar sind, um kleine Sätze zu bilden:

> kommt
>
> spielt
>
> ruft
>
> ist
>
> der
>
> die

das
dem
den
mit
im
in

Nun spielen wir:

Ich sage ein Wort – die Kinder zeigen die entsprechende Karte.

Ich zeige eine Karte – die Kinder sagen, was darauf steht.

Ich zeige eine Karte, und wenn der gesuchte Buchstabe darin vorkommt, legen alle eine Hand auf den Kopf.

Ich lasse alle Karten, zu denen der Artikel „die" passt, herauslegen, zum Beispiel: Sonne, Maus, Mama usw.

Ich lasse alle Karten, die mehr als fünf Buchstaben haben, herauslegen.

Wir legen kleine Sätze mit den Kärtchen:

Otto kommt mit dem Rad
Oma ist lieb
der Wassermann ist wild

Wir spielen Wörter-Bingo. (8)

Wir bauen die Kartenwörter ab

Durch diese Übung werden die Kinder auf spielerische Weise mit dem synthetischen Charakter unserer Schrift vertraut. Ein Wort ist ja bei uns eben gerade nicht eine Einheit, sondern es setzt sich aus verschiedenen Buchstaben zusammen, die quasi die Bausteine darstellen.

Eine Wortkarte wird auf den Tisch gelegt und „gelesen". Wir nennen das „Lesen" der Kärtchenwörter immer „Auswendiglesen", und die synthetischen Leseübungen bezeichnen wir als „echtes" Lesen. Ich finde es nämlich sehr wichtig, den Kindern gegenüber ehrlich zu sein und ihnen nicht vorzugaukeln, das Auswendig-Erkennen einiger Wörter sei bereits Lesen. Wenn sich nämlich nach einigen Wochen herausstellt, dass es doch nicht so schnell geht, bis man wirklich lesen kann, ist die Ernüchterung, die dieser fadenscheinigen und vordergründigen Motivation folgt, umso größer. Meiner Erfahrung nach macht es den Kindern auch gar nichts aus, Arbeit zu investieren. Sie nehmen es uns aber zu Recht sehr übel, wenn sie hintergangen werden.

Wir „lesen" also das Kärtchenwort. Dann decken wir von hinten einen Buchstaben nach dem anderen ab und sagen dazu den immer kleiner werdenden Wortrest:

Anton

Anto

Ant

An

A

Achtung: au, ei, ie, eu, ch, sch usw. sind beim Abbauen *ein* Buchstabe.

Durch dieses Abbauen der Wörter lernen die Kinder auch sehr leicht und spielerisch Buchstaben kennen, die wir noch gar nicht durchgenommen haben. Die Anregung zu dieser Übung habe ich von Hiltraud Prem. (9)

Ich fertige von den Kärtchenwörtern auch noch „Zauberbücher" an, die besonders beliebt sind:

Für das Wort Anton schreibe ich da zum Beispiel fünf gleich hohe, aber verschieden lange Streifen: A, An, Ant, Anto, Anton.

Diese Streifen werden nun so übereinander gelegt, dass der längste Streifen ganz unten, der mit dem einzelnen Buchstaben oben ist, dazwischen geordnet die anderen. Auf der linken Seite hefte ich alles zusammen. Nun habe ich ein Buch, bei dem ich einen Buchstaben nach dem anderen wegzaubern kann, daher „Zauberbuch".

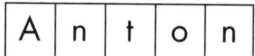

Mit ihm kann gelesen werden. Die Kinder können auch in ein unliniertes DIN-A4-Heft das Wort noch einmal als Treppe schreiben:

A

An

Ant

Anto

Anton

Wir lesen Wörterlisten

Wenn das Kind einige Buchstaben kann, lassen sich schon die ersten Wörter zum „echten" Lesen zusammenstellen. Es bekommt ein Blatt, auf dem – wieder in großer Schrift – einige Wörter stehen, für den Anfang vielleicht fünf oder sechs.

Diese Wörter werden nun Buchstabe für Buchstabe aufgebaut. Wenn das nicht gleich gelingt, macht das gar nichts. Dann lassen Sie sich vom Kind den Buchstaben nennen, der jeweils neu dazukommt, und Sie sagen dann, wie der Wortteil jetzt heißt. Am Beispiel Anton würde das so aussehen:

Sie decken die letzten vier Buchstaben ab, nur das A ist zu sehen.

Kind: Das ist ein A.

Der zweite Buchstabe wird aufgedeckt.

Kind: Das ist ein n. Mutter: Jetzt heißt es An.

Kind: An.

Der dritte Buchstabe wird aufgedeckt.

Kind: Das ist ein t. Mutter: Jetzt heißt es Ant.

Kind: Ant.

Der vierte Buchstabe wird aufgedeckt.

Kind: Das ist ein o. Mutter: Jetzt heißt es Anto.

Kind: Anto.

Der letzte Buchstabe wird aufgedeckt.

Kind: Das ist ein n. Es heißt Anton. (Das ganze Wort ist ja bekannt.)

Diese Übung können Sie auch mit den Wörtern aus den Buchstabengedichten durchführen, die lauter bekannte Buchstaben enthalten.

Wenn Sie ganz ohne Fibel vorgehen, dann ist für Sie zunächst vielleicht einmal die Reihenfolge der Buchstaben ein Problem. Deshalb führe ich hier die Buchstabenfolge an, mit der ich gute Erfahrungen gemacht habe. Wenn Sie Ihnen nicht zusagt, können Sie sie beliebig verändern oder auch die Reihenfolge einer Fibel übernehmen.

A M O R T W E L K N I D S U F Ä Ö G H Ei B Ch Sch Ü P C J V Z X Eu Y Qu

Weitere Möglichkeiten (10)

Die gelernten Buchstaben werden groß mit Tesakrepp auf den Boden geklebt, zum Nach-Gehen, Hüpfen und Krabbeln.

Zu jedem Buchstaben kann etwas gegessen werden, dessen Name mit diesem Buchstaben beginnt.

Zu jedem Buchstaben kann man einen Duft finden.

Die Buchstaben werden aus Sandpapier ausgeschnitten, auf Karton geklebt und „blind" erfühlt.

Wenn eine Reihe von Buchstaben bekannt ist, können zu den einzelnen Geschichten einfache Fassungen aufgeschrieben und als „echter" Lesestoff verwendet werden. Einige Beispiele finden Sie am Schluss des Buches.

Wie finden Sie was?

Die Buchstabengeschichten sind alphabetisch geordnet. Zu jeder Geschichte gibt es ein Gedicht, ein Bild, eine großräumige Lautgeste, einige Wörter für die Wortkärtchen zum „Auswendiglesen". Zu vielen Buchstaben nenne ich auch noch etwas, das gut schmeckt oder riecht. Wörterlisten zum „echten" Lesen gebe ich nicht an, weil die sich ja nach der Reihenfolge richten, in der die Buchstaben durchgenommen werden. (11)

Noch ein Wort zu den Geschichten

Sie werden bemerken, dass sie in relativ anspruchsvoller Sprache verfasst sind. Doch da sie zum Vorlesen oder Erzählen und nicht zum Selberlesen für die Kinder gedacht sind, schadet das nicht. Im Gegenteil: Sie werden reizvoller dadurch. Und da beim Erzählen ja innegehalten werden kann, wenn etwas der Erklärung bedarf, gibt es keine Verständnisprobleme. Ich habe immer wieder festgestellt, dass die Kinder an besonderen Formulierungen ihre Freude haben. Sensibilität für Sprache kann nicht geweckt werden, wenn die Kinder immer nur mit der einfachsten Ausführung – siehe Fibeln! – in Berührung kommen.

Das ist so wie beim Gespür für Bilder: Es entwickelt sich, indem man viele gute Bilder in Museen betrachtet. Dann hat man sehr bald ein „Urbild" von Kunst in sich, das einem hilft, Kitsch zu erkennen. Um gute Sprache zu erlernen und sie würdigen zu können, muss man mit ihr in Berührung kommen.

Einige der in den Bildern versteckten Buchstaben entsprechen nicht exakt der Schreibrichtung, sondern sind leicht schräg: F, M und Y. Um 90 Grad gedreht sind B, E und R. Dahinter steckt folgende Überlegung:
Es ist nicht der Zweck dieser Suchbilder, den Kindern eine Schreibvorlage zu liefern, sondern es soll ein zur Geschichte passendes *Bild* mit der *Form* des Buchstabens verknüpft werden, sodass diese abstrakte und für das Kind zunächst bedeutungslose Form eine Bedeutung bekommt und dadurch leichter speicher- und abrufbar wird (siehe hierzu auch Christina Buchner: Neues Lesen – Neues Lernen, S. 22 ff.).

Nun wünsche ich Ihnen, dass Sie erst einmal beim Lesen der Geschichten selber Spaß haben und dass es Ihnen dann auch Freude macht, diese Geschichten, sei es in der Schule, in der Familie oder zur individuellen Sprach- und Lernförderung, einzusetzen.

Teil II
Materialien zum Lesenlernen

Anton mit dem langen Arm

Ihr könnt euch sicher gut vorstellen, wie das ist, wenn ein Kind sich denkt: „Wäre ich doch schon groß!" oder: „Könnte ich doch auch alles so gut wie die Erwachsenen!"

Ein Junge, der sich das oft und oft gedacht hat, war Anton. Er mochte sich gar nicht gerne helfen lassen und wollte immer alles allein und selbständig machen. Dabei war er gerade eben erst sechs Jahre alt geworden und noch nicht einmal besonders groß für sein Alter. Deshalb musste er sich auch fast täglich so verhasste Sätze anhören wie: „Warte, Anton, da kommst du alleine noch nicht hoch!" oder: „Komm, lass dir helfen, ich bin ja doch ein ganzes Stück größer als du!"

Eines Tages – Anton hatte sich an diesem Tag besonders oft über dieses alberne Gerede ärgern müssen – ging er wütend und trotzig ins Bett. Beim Einschlafen wünschte er sich fest, so fest, wie er sich noch nie etwas gewünscht hatte – ja, was wohl? Er wünschte sich: Hätte ich doch nur keine so kurzen Arme. Hätte ich doch einen Arm, mit dem ich überall hinreichen kann, damit es nie mehr heißt: „Dafür bist du zu klein!"

Von dem vielen Ärger war Anton allerdings so müde geworden, dass er gar nicht mehr ordentlich zu Ende wünschen konnte. Er schlief auf einmal ein und hatte einen seltsamen Traum:

Es erschien ihm ein Zauberer, aber nicht so einer, wie er in seinem Märchenbuch auf dem Bild zum „Gestiefelten Kater" zu sehen war. Nein – der Traum-Zauberer sah überhaupt nicht böse oder gefährlich aus. Er wirkte eher gemütlich, wie ein lieber Onkel, mit seinen runden Backen und den freundlichen Augen hinter blanken Brillengläsern. Dennoch war er ganz unverkennbar ein Zauberer, denn er trug einen nachtblauen Mantel, bestickt mit allerlei magischen Zeichen, dazu einen hohen, spitzen Hut, und hielt in der Hand einen Zauberstab. Nun fing er an zu reden:

„Anton, wie ernst ist es dir mit deinem Wunsch? Willst du wirklich einen Arm, so lang, dass du überall hinreichen kannst?"

Anton, dem bei dieser Frage der ganze Ärger wieder einfiel, nickte eifrig.

„Überlege dir gut, was du sagst", warnte der Zauberer, „denn nicht immer gehen unsere Wünsche so in Erfüllung, wie wir uns das vorstellen!"

Doch Anton, der sich jetzt hellwach fühlte, sagte schnell: „Ich will wirklich einen ganz, ganz langen Arm, so lang, daß ich überall hinreichen kann."

Der Zauberer runzelte die Stirn und entgegnete ernst: „Nun gut, aber denke morgen daran, daß du selber es so wolltest."

Damit verschwand er. Anton aber schlief fest weiter und erwachte erst am Morgen von der Stimme seiner Mutter, die rief: „Anton, was hast du denn vor deine Tür gestellt? Rück es bitte weg, damit ich hereinkann!" Völlig schlaftrunken und benommen wusste er zunächst gar nicht, wo er überhaupt war. Langsam erinnerte er sich an seinen Traum.

Er wollte seine Arme heben, um sich zu räkeln, da war er mit einem Schlag hellwach. Grundgütiger Himmel – sein rechter Arm! Der war ja so lang, daß er aus dem Bett auf den Boden hing und quer durch das Zimmer bis hin zur Tür lag, wo sich der letzte halbe Meter noch zu einer Art Knäuel eingerollt hatte. Deshalb also ging seine Zimmertür nicht auf!

Anton sprang aus dem Bett und schob seinen Arm von der Tür weg. Nun konnte die Mutter hereinkommen. Ihr könnt euch vielleicht vorstellen, wie entsetzt sie war, als sie die Bescherung sah! Das war ja nun wirklich eine schöne Geschichte! Es war völlig klar, dass Anton an diesem Tag nicht in den Kindergarten gehen konnte. Doch nicht nur das! Er konnte überhaupt nichts machen, denn das Ungetüm von Arm war ihm immer im Weg: beim

Malen, beim Legobauen, beim Ballspielen, beim Essen – es war nicht auszuhalten! Als dieser schreckliche Tag zu Ende war, schlief Anton nicht wütend und verärgert, sondern traurig und völlig erschöpft ein.

Doch wie ich euch ja schon sagte, war der Traum-Zauberer ein lieber und guter Zauberer, dem es bestimmt nicht einmal „im Traum" eingefallen wäre, unseren Anton so in der Patsche sitzen zu lassen. Deshalb erschien er ihm auch schleunigst wieder und fragte ihn mit seinem freundlichen Lächeln: „Nun, Anton, wie ist es? Willst du deinen langen Arm noch einen Tag behalten?" Ihr könnt euch sicher denken, was Anton ihm geantwortet hat. Richtig! Er bat den Zauberer inständig, seinen Arm nur ja wieder so zu machen wie vorher.

Am nächsten Morgen gab es in der ganzen Stadt – was sage ich? – im ganzen Land – nein, auf der ganzen Welt! – keinen glücklicheren Jungen als Anton, der mit zwei ganz gewöhnlichen Armen durch die Gegend hüpfte und gar nicht wusste, was er vor lauter Freude alles anstellen sollte.

Und was das schönste an der Geschichte ist: Anton und seine Mama haben durch sie etwas gelernt – Anton, dass er sich nicht gleich so schrecklich ärgert, wenn er für etwas wirklich noch zu klein ist, und seine Mama, dass sie sich nicht immer gleich einmischt, wenn Anton etwas nicht gleich beim ersten Mal kann, sondern dass sie wartet, bis er sie um Hilfe bittet.

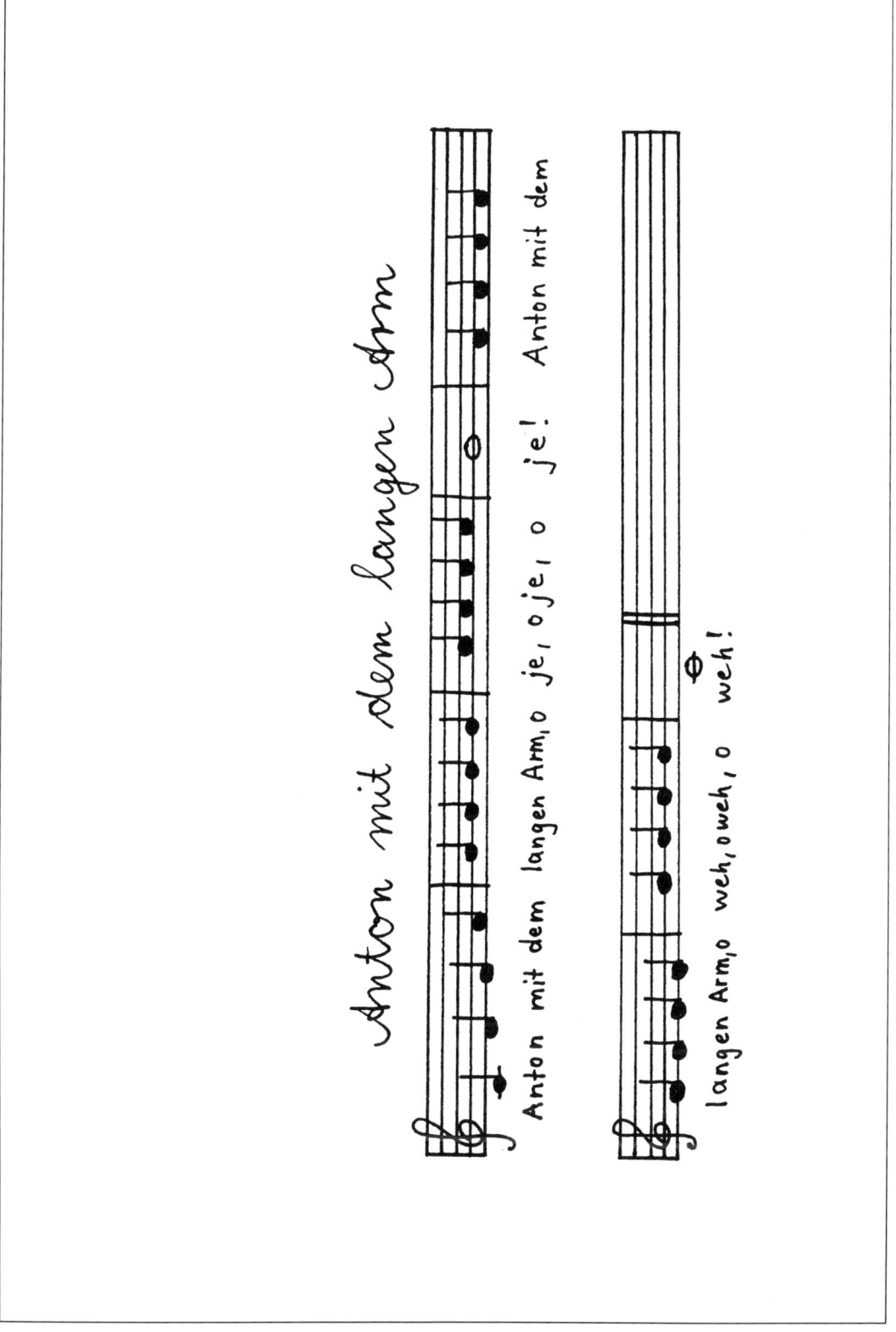

Das Anton-Lied

Anton mit dem langen Arm,
oje, oje, oje,
Anton mit dem langen Arm,
o weh, o weh, o weh!

Da kommt der gute Zauberer,
o ja, o ja, o ja,
und macht den Arm so, wie er war.
Hurra! Hurra! Hurra!

1. Strophe

Zeile 1 und 3: Mit dem langen Arm winken.

Zeile 2: Dreimal stampfen.

Zeile 4: Dreimal klatschen.

2. Strophe

Zeile 1: Mit den Händen einen spitzen Zaubererhut auf dem Kopf formen.

Zeile 2: Dreimal nicken.

Zeile 3: Mit dem Arm winken.

Zeile 4: Bei jedem „Hurra" die Arme in die Luft werfen.

Anton mit dem langen Arm

Das Anton-Lied

Anton mit dem langen Arm,

o je, o je, o je,

Anton mit dem langen Arm,

o weh, o weh, o weh!

Da kommt der gute Zauberer,

o ja, o ja, o ja,

und macht den Arm so, wie er war.

Hurra! Hurra! Hurra!

Die Lautgeste:

Das schmeckt gut mit A:

Ananas

Das riecht gut mit A:

Anis

Wortkarten:

Anton

Arm

hurra

Bruno Brezel, der längste Dackel der Welt

Herr Biermann ist immer alleine. Er hat keine Frau und keine Verwandten. Und obwohl er sehr nett ist, hat er auch keine Freunde. Herr Biermann ist nämlich schrecklich schüchtern. Jeden Abend, wenn er von der Arbeit nach Hause kommt, sitzt er alleine in seiner Wohnung. Da fühlt er sich dann richtig traurig.

Eines Tages hat er eine gute Idee. Er denkt sich: „Ich werde mir einen kleinen Hund kaufen. Dann bin ich nicht mehr so allein." Am nächsten Tag geht er gleich in das Zoogeschäft. Dort sieht er einen süßen kleinen Dackel, braun, mit glänzendem Fell, lustigen Schlappohren und klugen Augen. Er kauft ihn sofort und führt ihn an einer neuen roten Leine stolz nach Hause. Der Dackel bekommt den Namen Bruno.

Jeden Abend, wenn Herr Biermann nun von der Arbeit nach Hause kommt, wird er von Bruno stürmisch begrüßt. Dann essen die beiden – Herr Biermann am Tisch und Bruno neben dem Tisch. Danach machen sie einen langen Spaziergang, und schließlich gehen sie schlafen: Herr Biermann in seinem Bett und Bruno in seinem Hundekorb. So geht es eine ganze Zeit, und beide sind glücklich.

Doch dann beginnt Bruno zu wachsen:

Er wächst nicht in die Höhe – seine Dackelbeine bleiben so kurz, wie sie sind.

Er wächst nicht in die Breite.

Er wächst nur in die Länge.

Bald ist er zu lang für sein Hundekörbchen, und er findet nur noch Platz darin, wenn er sich wie eine Brezel einrollt. Deshalb nennt ihn Herr Biermann nur noch Brezel.

Wenn Brezel jetzt mit seinem Herrchen spazieren geht, bleiben die Leute auf der Straße stehen, schauen ihm nach, deuten auf ihn und lachen. Das ist Herrn Biermann schrecklich unangenehm, wo er doch so schüchtern ist. Und dabei wächst Brezel immer noch weiter. Als er – endlich, endlich! – zu wachsen aufhört, ist er so lang, dass er beim Überqueren der Straße mit den Vorderpfoten schon auf der anderen Seite ist und mit den Hinterpfoten immer noch auf der einen!

Nun macht Herrn Biermann das Spazierengehen überhaupt keinen Spaß mehr. Überall, wo er mit Brezel erscheint, gibt es geradezu einen Menschenauflauf, weil alle den seltsamen Dackel sehen wollen. Eines Tages, als er gerade wieder trübsinnig durch die Stadt geht und über sein Pech nachdenkt, sieht er ein großes, buntes Plakat:

> Zirkus Sensationelli ist in der Stadt.
> Wir suchen neue Attraktionen
> für unseren Zirkus!
> Interessenten können sich jeden Vormittag
> von 10 bis 12 Uhr
> beim Direktor vorstellen.

Das wäre doch etwas! Er könnte mit Bruno zum Zirkus gehen! In einem Zirkus gibt es ja lauter Besonderheiten. Da würde Bruno gar nicht auffallen.

Gedacht, getan: Am nächsten Vormittag geht Herr Biermann mit seinem Dackel zum Zirkusdirektor. Der ist sofort ganz hingerissen von Brezel: „Das ist ja ein Schlangendackel, eine Dackelschlange!", ruft er ein übers andere Mal begeistert aus. „So etwas hat noch kein Zirkus auf der Welt! Lieber Herr Biermann: Wann können Sie bei uns anfangen? Wir üben mit Brezel eine tolle Nummer ein! Das wird die Sensation im Zirkus Sensationelli!"

Herr Biermann ist überglücklich. Er geht sofort nach Hause, packt seinen Koffer und ist bereits am Abend wieder im Zirkus. Dort kann er in einem

Wohnwagen schlafen. Am nächsten Tag beginnt die Arbeit. Brezel und sein Herrchen müssen fleißig üben, aber nach einigen Wochen ist es geschafft: Herr Biermann und Brezel haben ihren ersten Auftritt. Sie sind beide prächtig herausgeputzt: Herr Biermann trägt einen lila Frack mit passendem Zylinder, und Brezel hat eine riesige lila Schleife um den Hals.

Und das ist ihre Nummer:

Brezel steht als lebende Brücke quer auf den Rücken von zwei Ponys: auf einem mit den Vorderpfoten, auf dem anderen mit den Hinterpfoten. Die Ponys traben im Kreis in der Manege herum, und auf Brezels Rücken zeigen zwei dressierte Kaninchen ihre Kunststücke und laufen auf ihm hin und her.

Das Publikum im Zirkus ist genauso begeistert, wie es der Direktor war, als er Brezel das erste Mal sah: Alle klatschen, trampeln, schreien „Bravo!" und „Zugabe!" Das ist der schönste Tag im Leben von Herrn Biermann. Und das Tollste daran: Er fühlt sich auf einmal überhaupt nicht mehr schüchtern!

Von nun an haben er und Brezel ein wunderbares Leben. Sie ziehen mit dem Zirkus durchs Land und fühlen sich pudelwohl oder besser gesagt: dackelwohl.

Bruno Brezel

Ja, was gibt's denn da zu seh'n?
Warum bleiben alle steh'n?
Schaut doch nur, die braune, lange,
glänzend glatte Riesenschlange!

Hat zwei Ohren, hat vier Beine!
Riesenschlange ist das keine!
Geht nun los mit viel Gewackel.
Donnerkeil! Das ist ein Dackel!

1. Strophe:

Zeile 1 und 2: Mit der Hand die Augen beschatten, umherschauen.

Zeile 3 und 4: Mit dem ausgestreckten Arm in einem Halbkreis herumdeuten.

2. Strophe:

Zeile 1: Mit den Händen zwei Ohren formen, Arme und Beine bewegen.

Zeile 2: Den Kopf schütteln.

Zeile 3: Arme und Beine bewegen, mit dem Po wackeln.

Zeile 4: Bei „Donnerkeil" aufstampfen, zu „Das ist ein Dackel!" rhythmisch klatschen.

Bruno Brezel

Ja, was gibt's denn da zu seh'n?
Warum bleiben alle steh'n?
Schaut doch nur, die braune, lange,
glänzend glatte Riesenschlange!

Hat zwei Ohren, hat vier Beine!
Riesenschlange ist das keine!
Geht nun los mit viel Gewackel.
Donnerkeil! Das ist ein Dackel!

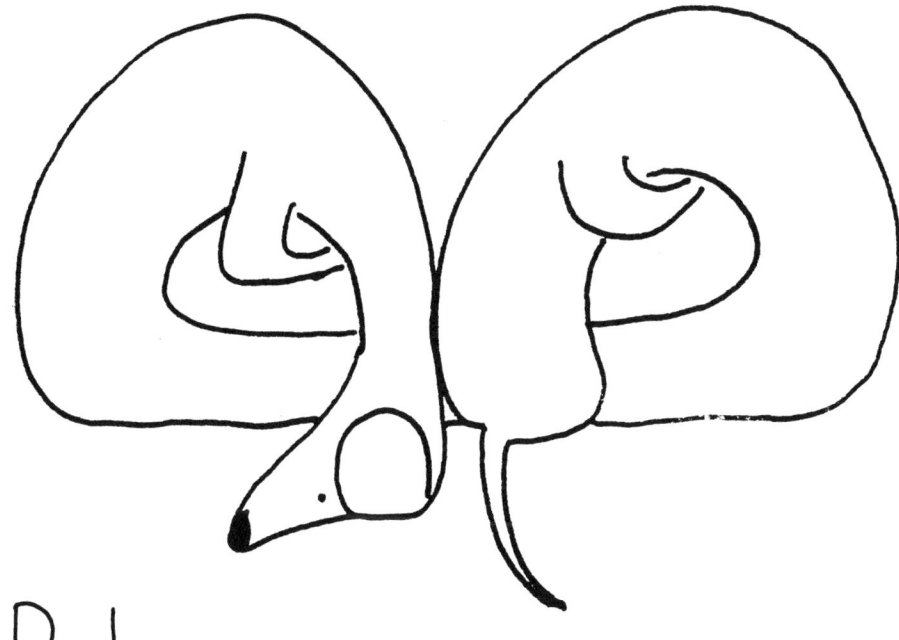

Bruno Brezel

B b

Das schmeckt gut mit B:
Butterbrezeln
Birnen- und Bananenspieß

Das riecht gut mit B:
Basilikum

| Brezel |
| Brücke |
| lieb |

Cäsar, der Clown

Im Zirkus findet Herr Biermann viele Freunde. Zu ihnen gehört auch Cäsar, der Clown. Er ist ganz vernarrt in Brezel und bettelt bei Herrn Biermann so lange, bis er auch mit ihm eine Nummer einüben darf. Er bringt Brezel den Handstand und das Männchenmachen bei. Das sieht bei ihm natürlich toll aus, viel besser als bei gewöhnlichen Hunden.

Cäsar, der Clown

Cäsar ist ein Zirkus-Clown:
Es macht Spaß, ihn anzuschau'n!

Beim Aufsagen des Verses wie ein Clown Verrenkungen machen und hampeln.

Cäsar, der Clown

Cäsar ist ein Zirkus-Clown:
Es macht Spaß, ihn anzuschau'n!

Cc

Cäsar Clown

Das riecht gut mit C:
Curry

Clown

Cäsar

Dora Dussel, die schusslige Ente

Am Fluss lebt eine Entenschar. Die Enten bauen ihre Nester im Schilf, legen Eier, brüten sie aus, erziehen ihre Jungen, suchen nach Nahrung und sind den ganzen Tag beschäftigt. Nur Dora ist anders als die anderen. Das Entendasein befriedigt sie nicht. Sie hat Sehnsucht nach etwas Höherem, Besserem, aber sie weiß nicht, was das sein soll. So spaziert sie am Ufer herum und hängt ihren Gedanken nach. Weil sie gar nicht aufpasst, wo sie hintritt, stolpert sie natürlich auch öfter und fällt sogar hin.

Die anderen Enten finden Dora ziemlich dämlich und nennen sie Dora Dussel.

Eines Tages geht Dora ganz allein im Wald auf und ab, tief in Gedanken, da stolpert sie wieder einmal über etwas. Diesmal ist es aber keine Wurzel, sondern ein Märchenbuch, das wohl jemand hier liegengelassen hat. Dora setzt sich hin und blättert vorsichtig mit dem Schnabel die Seiten um. Da sieht sie wunderbare Bilder. Zu gerne möchte sie wissen, welche Geschichten in dem Buch erzählt werden, aber eine Ente kann für gewöhnlich ja nicht lesen.

Doch Dora weiß, wer lesen kann: der schlaue Rabe Korax. Also klemmt sie das Buch vorsichtig unter ihren rechten Flügel und macht sich auf den Weg zu Korax. Sie bittet ihn aber nicht, ihr aus dem Buch vorzulesen – nein, sie will selber lesen lernen! Korax staunt nicht wenig, dass ausgerechnet eine Ente bei ihm zur Schule gehen will, denn eigentlich hat er die Enten immer für eine recht einfältige Gesellschaft gehalten. Aber er freut sich über seine Schülerin und fängt gleich mit dem Unterricht an. In der nächsten Zeit haben die anderen Enten, die sich an die dusselige Dora schon richtig gewöhnt hatten, wieder Grund zum Staunen: Jeden Vormittag verschwindet sie für einige Stunden, und niemand weiß wohin.

Doch eines Tages hat Dora ausgelernt. Sie kann jetzt nicht nur lesen, sondern auch schreiben. Wie sperren da alle die Augen und Schnäbel auf, als sie mit ihrem Märchenbuch unter dem rechten Flügel angewatschelt kommt, sich seelenruhig unter einen Baum in den Schatten setzt, einige Entenkinder um sich versammelt und ihnen dann eine wunderschöne und äußerst aufregende Geschichte vorliest, von einer Prinzessin, die sich an einer Spindel sticht und hundert Jahre schlafen muß, bis ein Prinz sie erlöst. Zum Schluss sitzen nicht nur die Küken, sondern auch die ausgewachsenen Enten um Dora herum und hören voller Spannung zu. Als das Märchen zu Ende ist, betteln sie: „Lies uns noch eine Geschichte vor!" Und so geht es jetzt jeden Tag.

Bald wollen die ersten Enten selber das Lesen lernen. Da eröffnet Dora eine Entenschule. Jeden Vormittag gibt sie Unterricht im Lesen und Schreiben. Und niemand nennt sie jetzt noch „Dora Dussel". Im Gegenteil: Sie ist der Stolz der ganzen Entenschar geworden.

Dd

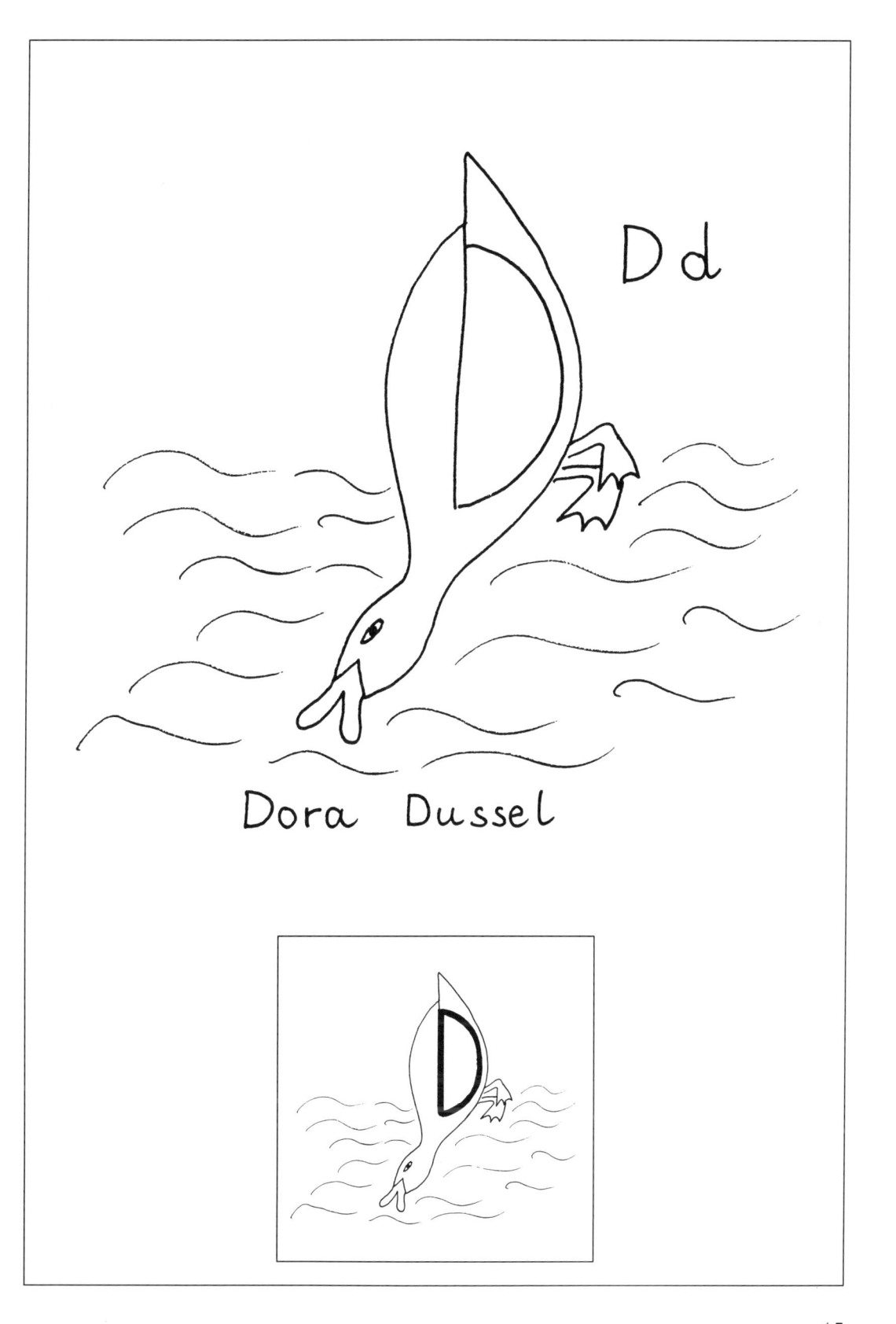

Dora Dussel

Dora Dussel

Dora Dussel ist ein Schussel,
schaut gern in die Luft.
Dora Dussel ist ein Schussel,
hört nicht, wenn man ruft.

Aber eines schönen Tages
wird die Dora schlau:
lernt das Lesen, lernt das Schreiben,
alles ganz genau.

Ja, die Dussel-Schussel-Dora
ist kein Dussel mehr:
alle geh'n bei ihr zur Schule,
und das freut sie sehr.

Das schmeckt gut mit D:
Datteln

Das riecht gut mit D:
Dill

| Ente |
| Buch |
| Bild |
| lesen |

Eine andere Lautgeste für das D: Die Spitze des Zeigefingers auf den Daumen legen (Innenseite des oberen Daumengliedes) und wegschnipsen. So weich klingt das D im Unterschied zu dem harten Boxgeräusch beim T (S. 142).

Ella Elefant

Du hast sicher schon einmal gehört, dass es in Afrika sehr heiß ist, viel heißer als bei uns. Dort gibt es Affen, Nashörner, Antilopen, Elefanten und viele andere Tiere. In einer riesigen Elefantenherde lebt die Elefantenkuh Ella. Sie hat zwei süße, kleine Elefantenkinder, Emil und Erika. Sie sind besonders hübsch, deshalb achtet sie auch sehr darauf, dass kein Stäubchen auf ihrer grauen Haut liegt. Selbst der kleinste Schmutzfleck wird sofort abgeputzt.

Jeden Tag ziehen die Elefanten zum Fluss, um dort zu trinken. Das ist für Ella immer eine gute Gelegenheit, ihre Kinder richtig fein zu machen und sie von Kopf bis Fuß sauber zu waschen. Allerdings ist das für einen Elefanten nicht so leicht wie für uns. Wir nehmen einfach einen Waschlappen, seifen und gründlich ein und stellen uns unter die Dusche. Waschlappen und Seife hat Ella natürlich nicht. Damit könnte sie auch gar nichts anfangen. Denk nur mal an ihre Beine: Die sind ja so dick wie Fässer. Wie soll denn da ein Waschlappen drübergeh'n? Aber Ella hat ihren Elefantenrüssel, und der ist genauso gut wie ein Wasserschlauch. Also duscht sie ihre Kinder einfach mit dem Rüssel ab.

Eines Tages hat jedoch auch Ella mit ihrem wunderbaren Rüsselschlauch Probleme, ihren Sohn sauber zu bekommen. Emil hat nämlich wieder einmal mit seinem besten Freund, dem Warzenschwein Willi, gespielt. Diese Freundschaft ist Ella schon seit langem ein Dorn im Auge. Ihr hübscher Emil mit seiner vornehmen hellgrauen Haut und dieser widerliche Willi, der immer so schmuddelig und ungepflegt daherkommt! Was ihr Sohn an dem nur findet? Aber immer, wenn sie davon spricht, sagt Emil: Mama, davon verstehst du nichts! Es macht eben einfach Spaß, mit Willi zu spielen. An diesem Tag nun kommt Emil nach Hause und ist über und über mit Dreck bespritzt. Er sieht gar nicht mehr wie ein Elefant aus. Und was das Allerschlimmste ist: Er hat auch noch Willi, dieses ekelhafte Ferkel, mitgebracht.

Willst du wissen, was die beiden gemacht haben? Sie haben sich um die Wette im Schlamm gewälzt! Für ein echtes Warzenschwein gibt es nämlich nichts Schöneres, als sich im Schlamm hin und her zu wälzen, immer und immer wieder, bis man auch nicht mehr das kleinste Stückchen Haut sieht! Ella ist so empört, dass sie ihren Sohn, ohne viele Worte zu machen, am Rüssel packt und zum Fluss hinunterzieht. Willi läuft ihnen nach. Er kann doch jetzt seinen besten Freund nicht im Stich lassen. Als er am Ufer ankommt, sieht er, dass Emil schon im Wasser steht und von seiner Mutter kräftig mit dem Rüssel abgeduscht wird. Ella spritzt und spritzt. Sie plagt sich schrecklich und spritzt nicht nur Emil, sondern auch die anderen Elefanten nass, die hierher gekommen sind, um zu trinken.

Willi war noch nie in einem Fluss. Ob es im Wasser wohl schön ist? Zaghaft steigt er hinein. Aber das ist ja herrlich kühl und frisch! Viel angenehmer als die Schlammpfütze, in der er sich sonst immer wälzt. Vergnügt planscht er im Fluss herum und merkt gar nicht, dass er davon ganz sauber wird.

Als Ella mit dem frisch gewaschenen Emil aus dem Fluss steigt, sieht sie ein hübsches Ferkel mit einem sauber glänzenden, dunkelgrauen Fell. „Na Kleiner, wo ist denn deine Mama?", fragt sie freundlich. Doch in diesem Augenblick ruft Emil: „Aber das ist ja Willi!"

Das soll Willi sein? Dieses hübsche, appetitliche, saubere, kleine Ferkel? Da schämt sich Ella, dass sie immer so über Willi geschimpft hat, und sie sagt verlegen: „Also, wenn ihr noch ein bisschen spielen wollt, von mir aus!"

Von da an sind die beiden Freunde jeden Tag zusammen. Sie wälzen sich nur noch sehr selten im Schlamm, denn Willi hat das Baden im Fluss viel besser gefallen als das Schlammwälzen, und Emil ist überhaupt nicht erpicht darauf, von seiner Mutter wieder stundenlang geschrubbt zu werden.

Ella Elefant

In dem fernen, heißen Land
wum bu di wum bu di wu
da wohnt Ella Elefant
wum bu di wum bu di wu
steigt ins Wasser wie ein Fass
wum bu di wum bu di wu
spritzt alle Elefanten nass
wum bu di wum bu di wu

<u>Zu den Zeilen 2, 4, 6, 8</u>: Die Arme seitlich abgewinkelt ausstrecken, Beine leicht grätschen und von einer Seite auf die andere hüpfen:

wum bu di – linkes Bein

wum bu di – rechtes Bein

wu – linkes Bein

<u>Zeile 1</u>: Mit dem Arm in die Ferne deuten, dann mit dem Handrücken über die Stirn wischen.

<u>Zeile 3</u>: Mit einer Hand an die Nase fassen, einen Arm als Elefantenrüssel ausstrecken.

<u>Zeile 5</u>: Mit den beiden Armen einen Ring formen (Fass) und mit den Beinen „ins Wasser" steigen.

<u>Zeile 7</u>: Rhythmisch die Arme anwinkeln und ausstrecken, dabei Fäuste schließen und beim Ausstrecken öffnen (spritzen).

Ee

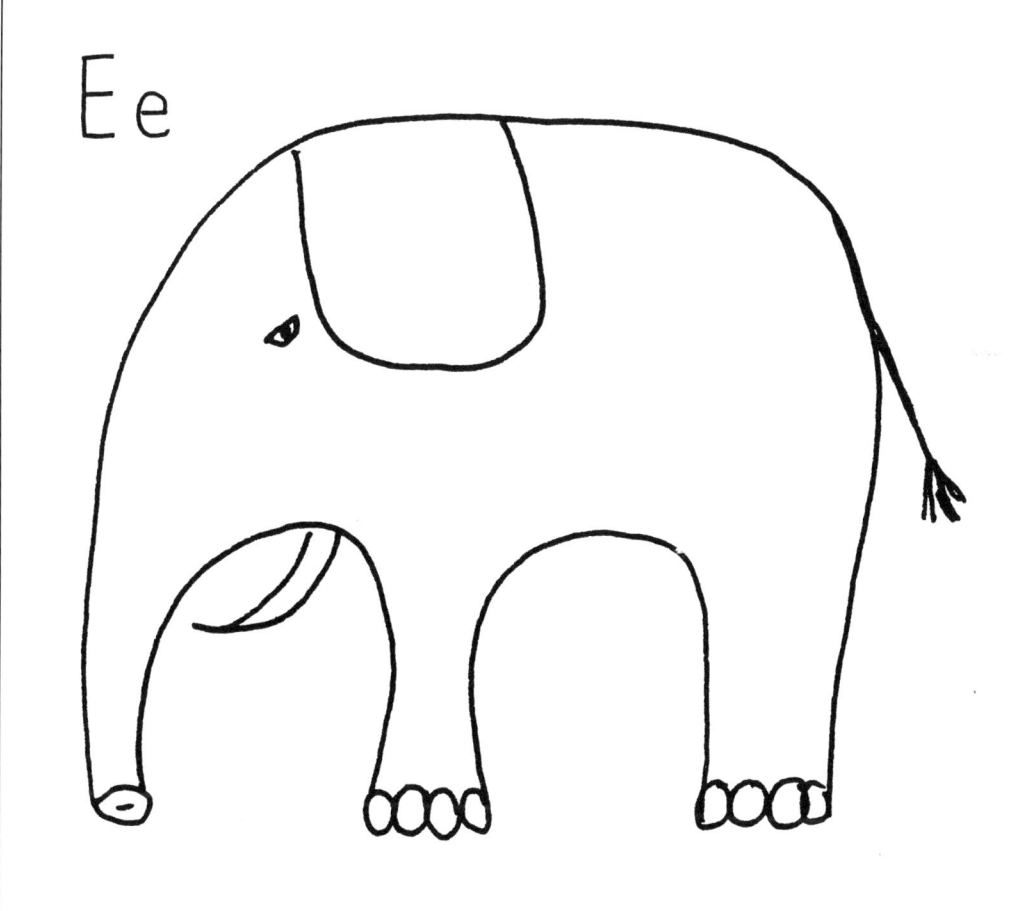

Ella Elefant

Das riecht gut mit E:
Estragon

Elefant

Wasser

Ella Elefant

In dem fernen, heißen Land

wum bu di wum bu di wu

da wohnt Ella Elefant

wum bu di wum bu di wu

steigt ins Wasser wie ein Fass

wum bu di wum bu di wu

spritzt alle Elefanten nass

wum bu di wum bu di wu

Fredi Frosch

Sabine und Markus haben einen Laubfrosch. Er ist richtig schön grün. Sein Name ist Fredi. Fredi wohnt in einem großen Einweckglas im Kinderzimmer. Denkst du, es ist ihm da langweilig? Nein! Er hat in seinem Glas eine Leiter, auf der er rauf und runter klettern kann. Wenn das Wetter schön wird, sitzt er am liebsten ganz oben auf der Leiter. Wird es aber schlecht, dann kriecht er ganz nach unten. Am Nachmittag sitzen die Kinder in ihrem Zimmer und machen Hausaufgaben. Das interessiert Fredi, da passt er immer genau auf, was sie reden.

Am liebsten mag er es aber, wenn abends vor dem Einschlafen die Mutter kommt und den Kindern ein Märchen vorliest. Da ist auch oft von Fröschen die Rede, die in Wirklichkeit verzauberte Prinzen sind. Und einmal heißt es sogar, durch einen Kuss würde aus einem Frosch ein Prinz! Als Fredi dann auch noch zufällig einen Blick auf das Bild im Märchenbuch werfen kann und sieht, daß der Froschprinz grün ist – grün, wie es eben nur die Laubfrösche sind –, da ist für ihn die Sache klar: Er ist eigentlich gar kein Frosch, sondern ein verzauberter Prinz. Aber er müsste durch einen Kuss erlöst werden! Wie soll er das nur den Kindern klarmachen?

Am nächsten Abend ruft er beim Vorlesen immer: „Quak, quak, quak!" Das soll so viel heißen wie: „Küsst mich, denn ich bin ein Prinz!" Die Kinder aber verstehen ihn nicht und sagen nur ungeduldig: „Ach, Fredi, sei doch still! Wir verstehen ja kein Wort!"

Deshalb sitzt Fredi jetzt immer noch in seinem Einweckglas und träumt davon, endlich erlöst zu werden.

Fredi Frosch

Fredi klettert frisch und munter
auf der Leiter rauf und runter.

Schönes Wetter will er loben,
darum steigt er ganz nach oben!

Doch wenn er nach unten kriecht,
wird es schlecht: Das mag er nicht!

<u>Zeile 1 und 2</u>: Arme rhythmisch auf und ab bewegen.
<u>Zeile 4</u>: Arme nach oben strecken.
<u>Zeile 5</u>: Arme wieder nach unten bewegen.
<u>Zeile 6</u>: Mit beiden Armen rhythmisch verneinende Gesten machen.

Ff

Fredi Frosch

Fredi Frosch

Fredi klettert frisch und munter
auf der Leiter rauf und runter.

Schönes Wetter will er loben,
darum steigt er ganz nach oben!

Doch wenn er nach unten kriecht,
wird es schlecht: Das mag er nicht!

Das schmeckt gut mit F:
Fischstäbchen

Das riecht gut mit F:
Fenchel
Fichtennadelöl

| Frosch |
| Prinz |
| ruft |
| Fredi |

Das Märchen von der goldenen Gans

Ein Bauer hatte drei Söhne; davon waren zwei genauso, wie es der Bauer gern hatte: arbeitsam, geizig und hart. Der jüngste aber hatte ein gutes Herz, war freundlich zu Menschen und Tieren und wurde deshalb von den anderen nur verlacht und verspottet und „Dummling" genannt.

Eines Tages sollte der älteste Sohn in den Wald gehen um Holz zu hauen. Die Mutter gab ihm einen Korb mit Essen, damit er nur ja keinen Hunger leide. Darin waren ein feiner Eierkuchen und eine Flasche Wein. Als er in den Wald kam, saß da auf einem Baumstumpf ein altes, graues Männlein und bat: „Gib mir doch etwas zu essen und zu trinken, ich bin so hungrig und durstig!" Der Sohn aber antwortete: „Ja freilich! Da müsste ich schön dumm sein! Wenn ich alle Taugenichtse und Bettler füttern wollte, dann hätte ich bald selber nichts mehr!"

Dann ging er stolz weiter zu einem Baum, den er umhauen wollte. Kaum aber hatte er seine Axt genommen und einmal tüchtig ausgeholt, so hieb er sich schon in den Arm, dass das Blut nur so herausspritzte, und lief schreiend heim.

Wer aber hat gemacht, daß er sich in den Arm hackte? Weißt du es? Ja, richtig, das war die Strafe für seine Hartherzigkeit dem grauen Männchen gegenüber.

Als Nächster wurde nun der zweite Sohn in den Wald geschickt. Auch er bekam einen Korb mit dem feinsten Essen mit. Auch er traf das graue Männchen, und auch er war zu geizig, um etwas von seinem Essen abzugeben. Deshalb erging es ihm auch nicht besser als seinem Bruder: Kaum hatte er mit der Axt ausgeholt, so hackte er sich auch schon in das Bein, dass er gleich nach Hause humpelte.

Du kannst es dir schon denken: Auch das war von dem grauen Männchen gekommen.

Da sagte der Dummling: „Vater, lass mich doch in den Wald gehen und Holz hauen!" Der Vater sagte: „Wenn das schon deine Brüder nicht können, die doch viel klüger sind als du, wie willst denn dann du, der Dummling, das machen!"

Weil er aber nicht aufhörte zu bitten und zu betteln, gab der Vater schließlich nach. Die Mutter, die den Dummling längst nicht so lieb hatte wie die anderen beiden, gab ihm zwar auch einen Korb mit Essen. Darin waren aber nur in der Asche gebackenes trockenes Brot und eine Flasche saures Bier.

Als der Dummling nun in den Wald kam, saß da wieder auf einem Baumstumpf das alte, graue Männchen und bettelte: „Gib mir doch etwas zu essen und zu trinken! Ich bin so hungrig und durstig!" - „Ja, freilich", sagte der Dummling, „wenn dir mein Essen nicht zu schlecht ist, so will ich gerne mit dir teilen. Ich habe aber nur trockenes, in der Asche gebackenes Brot und eine Flasche saures Bier."

Damit setzte er sich neben das Männchen und packte aus. Wie staunte er aber, als er aus seinem Korb einen duftenden Eierkuchen und eine Flasche vom allerbesten Wein zog!

Du weißt natürlich Bescheid: Auch das hatte das graue Männchen gemacht.

Nun saßen sie einträchtig beisammen und aßen und tranken. Als sie fertig waren, sagte das Männchen zum Dummling: „Du bist nicht so hartherzig wie deine Brüder. Und weil du mit mir dein Essen geteilt hast, will auch ich dir etwas Gutes tun: Dort drüben steht ein alter Baum. Den hacke um, dann wirst du in seinen Wurzeln etwas finden!" Damit ging es.

Der Dummling aber tat genauso, wie das Männchen gesagt hatte. Er hackte den alten Baum um und fand in seinen Wurzeln eine Gans, die hatte Federn aus purem Gold.

Er nahm die Gans unter den Arm und ging in die nächste Stadt. Dort wollte er in einem Wirtshaus übernachten. Der Wirt aber hatte drei Töchter, und als die sahen, daß die Gans goldene Federn hatte, hätten sie zu gerne eine davon gehabt. Kaum war der Dummling einmal hinausgegangen, da schlich sich auch schon die älteste Tochter hin und fasste eine Feder an um sie auszurupfen. Aber sie blieb an der Gans hängen und konnte nicht mehr fort. Da kam die zweite Tochter und wollte auch eine Feder. Sie blieb an ihrer Schwester hängen. Die dritte Tochter kam nun auch noch dazu und ihr erging es nicht besser als den beiden anderen: Sie blieb als Dritte hängen. Das kümmerte jedoch den Dummling gar nicht. Er nahm am anderen Tag seine Gans unter den Arm und ging fort, hinter sich die schreienden und schimpfenden Mädchen, die immer noch nicht von der Gans wegkonnten.

Der Pfarrer begegnete ihnen und wollte die Mädchen von dem Burschen wegziehen, doch auch er blieb hängen. Danach kamen noch der Mesner und zwei Bauern, sodass schließlich sieben Leute hinter dem Dummling mit seiner Gans herspazierten.

Nun kamen sie in eine Stadt, über die regierte ein König, der eine Tochter hatte, die niemals lachte. Deshalb hatte der König im ganzen Reich verkünden lassen: Wer seine Tochter zum Lachen bringe, der solle sie heiraten. Als der Dummling das hörte, dachte er sich: „Nichts leichter als das!", und ließ sich beim König melden. Und wirklich – kaum hatte die Prinzessin die sieben Leute gesehen, die immer hintereinander herlaufen mussten, da fing sie an zu lachen. Sie lachte und lachte und wollte sich gar nicht mehr beruhigen.

Nun hätte der Dummling eigentlich die Königstochter zur Frau bekommen sollen. Dem König aber passte dieser Schwiegersohn gar nicht: Er war ihm nicht gut genug. Deshalb überlegte er, wie er ihn übertölpeln könnte. Er sagte: „So einfach geht es nicht, die Königstochter zu heiraten! Da musst du mir erst noch einen Mann bringen, der einen Keller voll Wein austrinken kann."

Der Dummling dachte gleich an das graue Männchen und ging in den Wald. Da saß auf dem gleichen Baumstumpf, auf dem er beim ersten Mal das Männchen gesehen hatte, ein Mann, der über großen Durst klagte. Der Dummling nahm ihn gleich mit und führte ihn in den königlichen Weinkeller. Dort trank der Mann alle Fässer leer.

Der König wollte sich aber immer noch um sein Versprechen drücken und verlangte jetzt, der Dummling solle einen Mann bringen, der einen Berg Brot aufessen könne. Dem war überhaupt nicht bange vor dieser Aufgabe. Er marschierte schnurstracks wieder in den Wald und fand auch wirklich auf dem Baumstumpf einen Mann, der über fürchterlichen Hunger klagte. Den nahm er gleich mit. Der König hatte inzwischen alles Mehl aus dem Königreich zusammenbringen und einen riesigen Berg Brot davon backen lassen. Doch es dauerte nicht länger als einen Tag, da hatte der Mann den ganzen Berg vertilgt.

Nun verlangte der Dummling zum dritten Mal seine Braut. Aber der König ärgerte sich schrecklich und dachte: „Einen Kerl, den jeder nur Dummling nennt, will ich doch nicht zum Schwiegersohn haben." Er sagte: „Ich will dir noch eine letzte Aufgabe stellen. Wenn du die erfüllt hast, dann wollen wir gleich die Hochzeit vorbereiten. Bring mir ein Schiff, das zu Lande und zu Wasser fahren kann!" Bei sich dachte er: „Den bin ich los! Das schafft er nie!" Er wußte ja nichts von dem grauen Männchen.

Als der Dummling dieses Mal in den Wald kam, saß es schon auf dem Baumstumpf und sagte: „Ich war der Mann, der für dich getrunken hat, und ich habe auch für dich den Berg Brot aufgegessen. Nun sollst du auch noch das Schiff bekommen, das zu Lande und zu Wasser fährt. Hier ist es."

Als der Dummling damit am Königshof vorgefahren kam, konnte der König nicht mehr nein sagen und gab ihm schließlich seine Tochter zur Frau. Sie feierten vergnügt Hochzeit, und nach dem Tod des alten Königs wurde der Dummling König. Da hieß er aber nicht mehr Dummling, sondern König Hans, und herrschte lange Zeit freundlich, weise und gerecht über sein Volk.

Die goldene Gans

Das Märchen von der gold'nen Gans
und von dem schlauen Burschen Hans
das hat ein gutes Ende,
drum klatschen froh wir in die Hände.

Es hat ein gutes Ende
wir klatschen in die Hände.
Es hat ein gutes Ende
wir klatschen in die Hand.

<u>Nach Zeile 1 und Zeile 2</u>: Zweimal klatschen.
<u>Zeile 4, 6 und 8</u>: Klatschen.

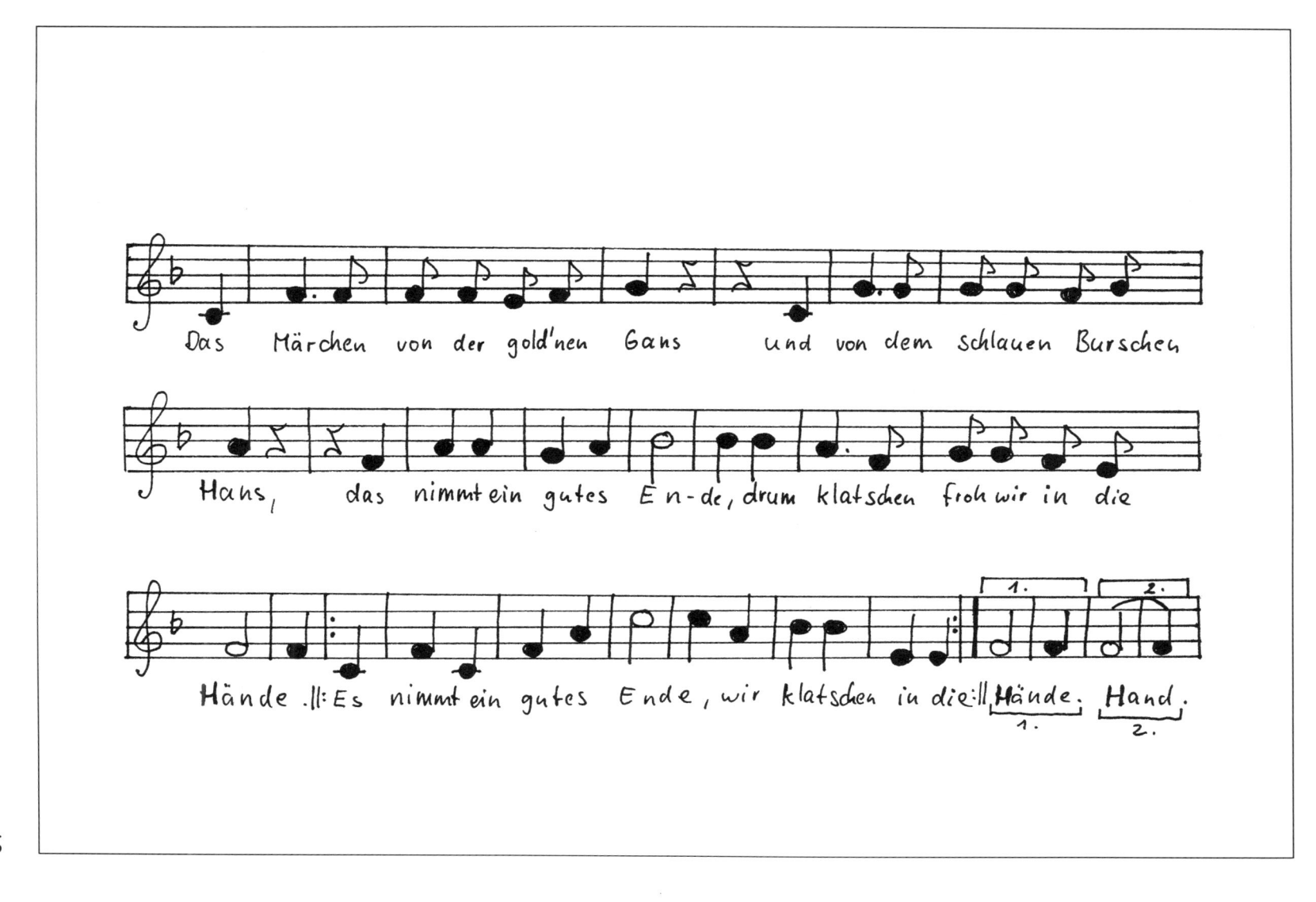

Das Märchen von der gold'nen Gans und von dem schlauen Burschen Hans, das nimmt ein gutes En-de, drum klatschen froh wir in die Hände. :||: Es nimmt ein gutes Ende, wir klatschen in die :|| Hände. Hand.

Die goldene Gans

Das Märchen von der gold'nen Gans
und von dem schlauen Burschen Hans
das hat ein gutes Ende,
drum klatschen froh wir in die Hände.

Es hat ein gutes Ende
wir klatschen in die Hände.
Es hat ein gutes Ende
wir klatschen in die Hand.

Die goldene Gans

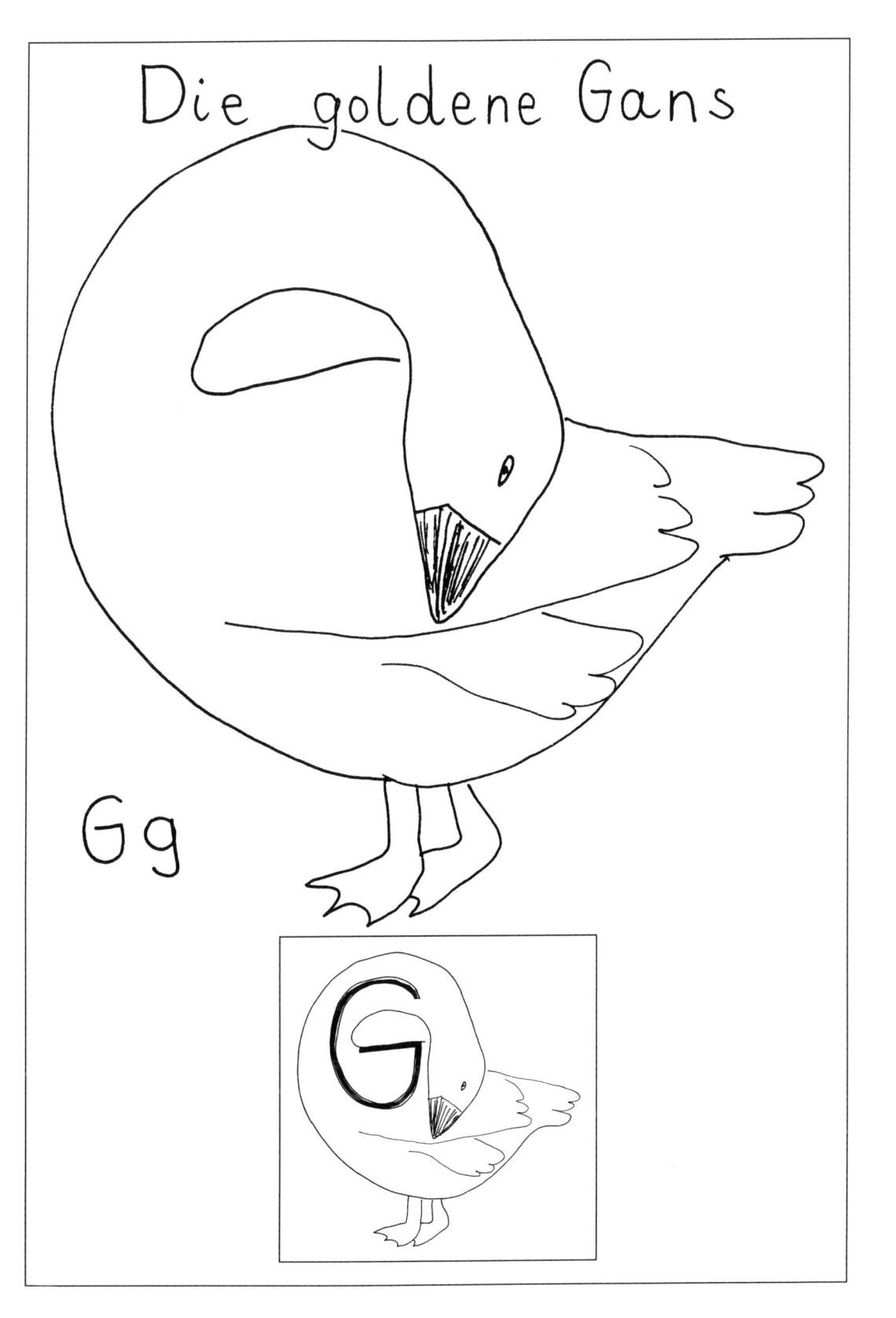

Gg

Das schmeckt gut mit G:
Gummibärchen (ohne Zucker)

| Gans |
| Gold |
| geht |
| Hans |

Die hopsende Hilda

Auf den ersten Blick siehst du an Hilda gar nichts Besonderes. Sie schaut eigentlich aus wie die meisten kleinen Mädchen. Wenn du aber erst einmal eine Zeitlang mit ihr beisammen bist, dann merkst du schon, was los ist: Hilda kann sich gar nicht stillhalten. Sie hopst die ganze Zeit auf und ab, hin und her. Wenn du ihr dabei nachschaust, wirst du richtig seekrank. Am schlimmsten ist es, wenn sie nachdenkt. Bei der Hausaufgabe zum Beispiel, da hüpft sie im Zimmer herum, schlägt Purzelbäume, springt über die Stühle. Zwischendrin setzt sie sich dann hin und schreibt auf, was ihr beim Hopsen eingefallen ist. Und das Seltsame daran ist: Sie hat immer alles richtig!

Hildas Papa allerdings geht das Gehopse ordentlich auf die Nerven. Eines Tages, als sie wieder einmal besonders fest nachdenkt – ich glaube, es geht um eine schwierige Rechenaufgabe –, wird es dem Papa zu dumm. Er sagt: „Du setzt dich jetzt an den Tisch, und dort bleibst du sitzen, bis du mit deinen Hausaufgaben fertig bist!"

Doch nach einer Stunde sitzt Hilda immer noch am Tisch. Im Heft stehen lauter falsche Ergebnisse. Sie wird und wird nicht fertig. Als sie dann auch noch zu heulen anfängt, denkt sich der Papa: „Vielleicht braucht sie das Gehopse wirklich, damit sie überlegen kann?" Er sagt: „Meinetwegen, hops weiter, aber geh dazu in dein Zimmer. Hier ist das ja nicht auszuhalten!"

Da hättest du sehen sollen, wie schnell Hilda ihre Sachen zusammengepackt hat und in ihrem Zimmer verschwunden ist! Nach einer Viertelstunde kommt sie strahlend zum Vorschein. Sie ist mit allen Hausaufgaben fertig.

Von da an darf sie beim Lernen herumhopsen, soviel sie will. Nur wenn der Papa zu Hause ist, dann muss sie dazu auf ihr Zimmer gehen.

Hilda Hops

Hilda hopst von spät bis früh,
stillesitzen kann sie nie!
Immer, wenn die Mutter ruft,
kommt sie an: gleich durch die Luft!

Nur das Hopsen macht ihr Spaß,
nur beim Hopsen lernt sie was.
Sitzt sie in der Gegend rum,
ist sie plötzlich doof und dumm!

<u>Zeile 1 und Zeile 2</u>: Beide Hände in der Luft hin- und herbewegen.

<u>Zeile 4</u>: Mit der rechten Hand einen großen Bogen in der Luft beschreiben.

<u>Zeile 5 und 6</u>: Rhythmisch den Oberkörper mit angewinkelten Armen hin- und herdrehen.

<u>Zeile 7</u>: Arme verschränken.

<u>Zeile 8</u>: Bei „doof" mit dem rechten Zeigefinger an die Stirn tippen, bei „dumm" mit dem anderen.

Hh   Hilda Hops

Hilda Hops

Hilda hopst von spät bis früh,
stillesitzen kann sie nie!
Immer, wenn die Mutter ruft,
kommt sie an: gleich durch die Luft!

Nur das Hopsen macht ihr Spaß,
nur beim Hopsen lernt sie was.
Sitzt sie in der Gegend rum,
ist sie plötzlich doof und dumm!

Das schmeckt gut mit H:
Himbeeren mit Sahne
Heidelbeeren
Honig

Das riecht gut mit H:
Hyazinthen

Hilda

hopst

herum

Isidor Igel

Am Chiemsee lebt in einer Hecke, ganz in der Nähe des Seeufers, ein besonders hübscher Igel mit seiner Frau und seinen Kindern. Er heißt Isidor und hat schöne, glänzende Stacheln, eine lackschwarze kleine Schnauze, kugelrunde Augen und am Bauch ein samtweiches Fell, das er peinlich sauber hält. Isidor ist ein gewissenhafter und freundlicher Igelvater: Er erzieht seine Kinder sorgfältig, zeigt ihnen, was sie essen dürfen und was nicht, bringt ihnen bei, sich immer hübsch sauber zu halten, und beantwortet geduldig alle ihre Fragen. Du wirst nun meinen, Isidor sei so ein richtiges Muster an Anstand und ich erzähle dir seine Geschichte nur, damit du dir an ihm ein Beispiel nehmen kannst. Aber leider muss ich dir sagen, dass er auch zwei schlechte Eigenschaften hat: Er ist furchtbar neugierig und schrecklich eitel.

Zuerst will ich dir einmal von seiner Eitelkeit erzählen: Er geht an keiner Pfütze vorbei, ohne darin sein Spiegelbild zu betrachten, und zu den Zeiten, wo keine Badegäste und Spaziergänger am See sind, läuft er immer wieder ans Ufer und schaut sich im Wasser an, ob er immer noch adrett und sauber aussieht.

Von seiner Neugier kann ich dir sagen, dass er gerne hinter den Büschen hockt, wenn die Menschen am Seeufer ihre Badesachen ausbreiten, und zusieht, was sie machen. Seine Frau wird dann immer ganz nervös und sagt: „Isidor, bleib doch von den Menschen weg. Wenn sie dich sehen, wollen sie dich vielleicht fangen und mit nach Hause nehmen. Dann kannst du in einer Margarineschachtel wohnen und darfst nie mehr selber auf die Jagd gehen." Aber das nutzt gar nichts. Isidor interessiert sich für die Menschen. Was die alles haben, um sich schön zu machen: Haarbürsten, Kämme, Schleifen, Spangen, Farbstifte, mit denen sie sich im Gesicht herummalen.

Am meisten gefällt ihm aber das blinkende und glitzernde Stück, das die Menschen „Spiegel" nennen. Er hat nämlich herausbekommen, dass sie darin ihr Bild sehen. So etwas müsste er besitzen!

Und siehe da - als er wieder einmal von seinem Versteck aus den Badegästen zuguckt, bemerkt er, wie eine Frau ihren Spiegel im Gras liegen läßt. Das ist die Gelegenheit! Kaum sind die Leute verschwunden, da flitzt Isidor auch schon hin, schnappt sich den Spiegel und trägt ihn in seine Wohnung.

Dort stellt er seinen Fund auf und betrachtet sich ausgiebig. Als seine Frau heimkommt, sitzt er immer noch da, streicht mit einem Tannenzapfen über seine Stacheln - Kamm hat er ja keinen -, und versucht, sich, wie die Menschen, eine andere Frisur zu machen. Aber mit seinen Stacheln geht das nicht, die bleiben immer genauso wie vorher. Da lacht seine Frau und sagt:

Isidor Igel, du brauchst doch keinen Spiegel,

denn dein Stachelhaar ist immer wunderbar.

Isidor Igel
braucht keinen Spiegel,
denn sein Stachelhaar
ist immer wunderbar.

Ii

Isidor Igel

Das riecht gut mit I:
Ingwer

| Igel |
| Spiegel |
| schön |
| sieht |

Die Geschichte von Jocki Jockel

Wenn du in der Stadt wohnst, dann wirst du vielleicht gar nicht wissen, was es alles an Tieren auf einem Bauernhof gibt. Ich bin in einem kleinen Dorf aufgewachsen, und du kannst mir glauben: Es sind nicht nur Kühe und Schweine!

Unser Nachbar hatte zum Beispiel einen Puter, der furchtbar wild wurde, wenn er etwas Rotes sah. Im Sommer trug ich oft ein rotes Dirndlkleid, und wenn ich damit zum Milchholen kam, dann rannte der Puter ganz wütend auf mich zu, schrie grässlich und wackelte dabei mit dem Kopf, dass die hässlichen roten Lappen unter seinem Schnabel nur so flogen. Da lief ich dann mit meiner Milchkanne, als ginge es um mein Leben! So ein Puter ist für ein kleines Mädchen schon ein gewaltiges Vieh, und deshalb wirst du sicher verstehen, dass ich mich da ganz entsetzlich fürchtete. Aber vielleicht wirst du dich wundern, dass auch ein ganz gewöhnlicher Gockel einem einen richtigen Schreck einjagen kann. Das muss allerdings dann schon jemand sein, der von Natur aus ziemlich ängstlich ist, so wie Herr Professor Schlaukopf. Von ihm will ich dir erzählen.

Professor Schlaukopf lebt in einer großen Stadt. Tagein, tagaus sitzt er über seinen Büchern und denkt nach. Er denkt viele furchtbar schlaue Sachen. Vor lauter Denken bemerkt er meistens gar nicht, ob die Sonne scheint, ob es regnet, ob es kalt oder warm ist. Aber eines Tages muss er seine Schwester im Krankenhaus besuchen. Sie liegt dort, weil ihr die Ärzte den Blinddarm herausgenommen haben. Und weil Professor Schlaukopf sich Sorgen um seine Schwester macht – schließlich ist sie ja auch nicht mehr die Jüngste! –, denkt er auf dem Weg ins Krankenhaus nicht so viel wie sonst über seine schlauen Sachen nach. Deshalb bemerkt er plötzlich, dass im Krankenhauspark die Tulpen blühen! Ganz erstaunt stellt er fest: Es muss ja Frühling sein. Er muss plötzlich auch daran denken, wie oft er als kleiner

Junge mit seinen Eltern und seiner Schwester spazieren gegangen ist und wie sehr ihm das immer gefallen hat.

Als er dann bei seiner Schwester am Bett sitzt, sagt er nicht als Erstes: „Wie geht es dir?", sondern: „Ich werde über Pfingsten aufs Land fahren!" Seine Schwester antwortet darauf gar nichts. Sie mustert ihn nur missbilligend, legt ihm eine Hand auf die Stirn und sagt: „Jeremias – entweder du hast Fieber oder du spinnst!"

Professor Schlaukopf lässt sich aber seine Idee nicht ausreden und so kommt es, dass er drei Wochen später mit seiner Schwester Caroline im Zug nach Oberwiesenbach sitzt. Caroline ist inzwischen wieder völlig gesund, nur beim Spazierengehen ist sie noch etwas wacklig auf den Beinen. Sie hat es sich aber nicht nehmen lassen, ihren Bruder zu begleiten, denn sie ist der Meinung, ohne sie wäre er völlig hilflos.

Bald kommen die beiden am Bahnhof Oberwiesenbach an. Dort werden sie von Bauer Friedemann mit einem Pferdewagen abgeholt. Als Caroline dann ihr schönes Zimmer auf dem Bauernhof bezieht, hält sie die Idee ihres Bruders gar nicht mehr für so schlecht. Sie ist von den dicken Federbetten, den bunt bemalten Möbeln und der schönen Aussicht richtig begeistert.

Vor dem Abendessen machen Caroline und Professor Schlaukopf noch einen kleinen Spaziergang. Danach gehen sie gleich ins Bett. Der Professor räkelt sich noch einmal gemütlich und schon ist er eingeschlafen. Er schläft tief und friedlich, so gut wie schon lange nicht mehr. Das Fenster hat er vor dem Schlafengehen noch weit geöffnet, damit er auch in der Nacht so viel wie möglich von der guten Luft erwischt. Du glaubst nun sicher, das geht die ganze Nacht so, aber pass auf: Jetzt kommt's!

Unter dem Fenster von Professor Schlaukopf liegt der Gemüsegarten, und der ist mit einem Holzzaun eingezäunt. Dieser Zaun ist der Lieblingsplatz von Jockel, das ist der Gockel, der zum Hühnerhof von Bauer Friedemann gehört. Jeden Morgen um Punkt vier Uhr sitzt Jockel auf dem Zaun und kräht aus Leibeskräften. Er hat eine besonders kräftige Stimme, und Bauer Friedemann sagt oft: „Es ist gut, dass wir unseren Jockel haben. Da verschlafen wir auch ohne Wecker nie!"

Während nun Jockel auf den Zaun flattert und schon ein paar Mal unternehmungslustig mit den Flügeln schlägt, liegt unser Herr Professor immer noch ruhig und ahnungslos im Bett und schläft. Doch auf einmal – was ist das? Dieser mörderische Krach! Der Professor fällt vor lauter Schreck gleich aus dem Bett.

Sind das Räuber? Ist das ein Überfall? „Nur schnell in den Schrank", denkt er sich, „damit sie mich nicht finden!"

Bauer Friedemann hat in seinem Zimmer nebenan das Gerumpel gehört, als der Professor aus dem Bett gefallen ist. Er denkt sich: „Da wird doch nichts passiert sein?" Zur Vorsicht schaut er lieber nach. Aber er klopft und klopft an die Schlafzimmertür, und niemand macht ihm auf. Inzwischen ist auch Caroline in ihrem Zimmer wach geworden. Sie kommt gerade dazu, als der Bauer ganz ratlos im Zimmer von Professor Schlaukopf vor dem zerwühlten Bett steht. Wo ist der Professor? Endlich hört man aus dem Schrank ein Geräusch. Als Bauer Friedemann hineinschaut, sitzt da ein bleicher und verstörter Professor, der gleich ruft: „Nicht schießen! Ich ergebe mich!" – „Aber Herr Professor! Es tut ihnen doch niemand was!"

Es dauert einige Zeit, bis aus dem Professor die ganze Geschichte herauszubringen ist. Doch dann muss Bauer Friedemann furchtbar lachen. Die ganze Aufregung war wegen dem Geschrei, das Jockel gemacht hat! Nun sind alle erleichtert.

Herr Professor Schlaukopf bleibt zwar diesen Tag im Bett, um sich von der Aufregung zu erholen. Am nächsten Morgen aber lässt er sich von Jockel nicht mehr erschrecken. Er verlebt noch eine schöne Zeit mit Caroline auf dem Bauernhof. Und als sie dann abreisen müssen, beschließen sie: Wir fahren bald wieder zu Bauer Friedemann!

Jockel, der Gockel

Auf dem Zaun, da sitzt ein Gockel,
unser schöner bunter Jockel,
und kräht laut sein Kikeri-kockel
– nein, das stimmt nicht: Kikeri-ki! –
morgens schon in aller Früh!

Bei „nein, das stimmt nicht" mit der Hand auf die Stirn schlagen; zur letzten Zeile klatschen.

Jocki Jockel

J

Jj

Jockel, der Gockel

Auf dem Zaun, da sitzt ein Gockel,
unser schöner bunter Jockel,
und kräht laut sein Kikeri-kockel
– nein, das stimmt nicht: Kikeri-ki! –
morgens schon in aller Früh!

Das riecht gut mit J:
Jasmin
Jasminöl

Jockel

ja

König Karl sitzt in der Klemme

Heute erzähle ich euch eine Geschichte von einem König. Könige kennt ihr ja alle aus den Märchenbüchern: Sie sind oft grausam und blutrünstig, oft aber auch weise und gerecht.

Der König in unserer Geschichte war ein richtig lieber König. Er regierte seine Untertanen milde und war zu allen Menschen gut und freundlich. Eine Schwäche allerdings hatte er: Er war geradezu wild auf Süßigkeiten aller Art. Kuchen, Eiscreme und Kompott liebte er, und wenn er irgendwo eine Sahnetorte sah, war er nicht mehr zu halten. Deshalb war er im Laufe der Jahre auch ziemlich rundlich geworden. Wenn er lachte – und das tat er gerne und oft –, dann klirrten Gläser und Besteck auf dem Tisch. Ja, einmal war bei seinem dröhnenden Gelächter sogar schon ein Bild von der Wand gefallen.

Das hätte ja nun weiter niemanden gestört. Doch der König war nicht nur immer dicker, sondern auch immer kurzatmiger geworden, und das gefiel weder dem königlichen Leibarzt noch Ihrer Majestät, der Königin.

Eines Tages, als der König wieder einmal die Treppe zum Thronsaal hinaufkeuchte und nach jeder dritten Stufe stehen bleiben musste, um zu verschnaufen, sagte die Königin energisch: „Karl, da muss etwas geschehen, und zwar sofort!" Sie ließ auch gleich den Leibarzt rufen, der den König von allen Seiten mit seinem Stethoskop abhorchte, immer wieder den Kopf schüttelte, lateinische Ausdrücke vor sich hinmurmelte, und schließlich auch feststellte: „Da muss etwas geschehen, und zwar sofort!"

Doch <u>was</u> nun geschah, war das Schlimmste, was König Karl überhaupt passieren konnte: Er bekam eine Diät verordnet. Süßigkeiten wurden ihm restlos gestrichen, nur sonntags durfte er ein kleines Schüsselchen Pudding essen. Ein Schüsselchen Pudding! Was war das schon! Wo er doch sonst ganze Sahnetorten verschlungen hatte!

Da war es nun mit der Fröhlichkeit des Königs gründlich vorbei. Er schlich im Schloss herum – nur noch ein Schatten seiner selbst! Eines Abends, als er wieder wach im Bett lag – der Hunger und die Sehnsucht nach seinen geliebten Süßigkeiten ließen ihn nicht schlafen – beschloss er, sich heimlich auf die Suche nach etwas Essbarem zu machen. Ganz, ganz leise schlich er sich aus dem königlichen Schlafgemach, um nur ja die Königin nicht zu wecken. Er tappte in den dunklen, langen Gängen herum, denn auch ein Licht anzumachen wagte er nicht. Endlich fand er die königliche Speisekammer. Hier zündete er seine Kerze an und glaubte, seinen Augen nicht trauen zu können. Was gab es da nicht alles: üppige weiße, rosarote und schokofarbene Sahnetorten, aufgestellt in Reih und Glied wie Soldaten auf einem Kasernenhof, ganze Bretter voller Mohrenköpfe, buntglasierte Plätzchen, die sich in riesigen Schüsseln türmten!

Der König wusste gar nicht, wo er anfangen sollte. Zum Auftakt verschlang er zwei Sahnetorten, dann ließ er sich eine Schüssel mit Butterplätzchen schmecken, und zum Schluss verspeiste er noch genüsslich ein halbes Dutzend Mohrenköpfe. Dann war er so satt, dass nicht das kleinste Löffelchen Pudding mehr Platz gehabt hätte, und schlich – besser gesagt: wankte – zufrieden zurück in sein Bett.

Am nächsten Tag war er glänzender Stimmung. Die Königin, die sich wegen der völlig veränderten Wesensart ihres Gemahls schon Sorgen gemacht hatte, dachte erleichtert: „Er scheint sich an die Diät zu gewöhnen."

Von nun an blieb die Laune des Königs glänzend, denn tagsüber aß er folgsam seine Diät, und nachts schlich er in die Speisekammer und stopfte sich dort mit Süßigkeiten voll. Etwas allerdings machte die Königin stutzig: Der König nahm trotz der äußerst strengen Diät kein bisschen ab, im

Gegenteil: Immer noch runder schien er zu werden. Konnte denn das mit rechten Dingen zugehen?

Die Aufklärung des Rätsels ließ nicht lange auf sich warten. Eines Tages, als die Königin gerade in der Küche saß, um mit der Köchin den Diätplan des Königs für die nächste Woche zu besprechen, hörte sie, wie eine Küchenmagd zur anderen sagte: „Es ist doch nicht zu glauben. Jede Nacht verschwinden aus der Speisekammer Torten und Kuchen. Mir wird richtig angst, wenn ich daran denke, dass im Schloß Diebe herumschleichen."

Da war der Königin alles klar: Es gab keine Diebe, sondern nur einen Dieb: ihren Mann, den König Karl! Sie setzte sich sofort mit dem Leibarzt zu einer geheimen Unterredung zusammen. Die beiden schmiedeten einen Plan ...

In der folgenden Nacht wartete der König wieder, wie immer, bis die Königin tief und fest schlief. Dann machte er sich auf seine Wanderung zur königlichen Speisekammer. Dort gönnte er sich zuerst wieder eine der köstlichen Sahnetorten. Doch gerade als er mitten im vergnügtesten Schmausen war, ging plötzlich ein Licht an, und eine Stimme, die er nur allzu gut kannte, sagte vorwurfsvoll: „Aber Majestät!"

Das war der Leibarzt! Der König erschrak fürchterlich. Vor Schreck ließ er die Sahnetorte fallen, die er in der Hand hielt. Sie klatschte genau auf seine nackten Füße. Schuldbewusst hörte er sich an, was ihm der Leibarzt zu sagen hatte. Dann machte er sich niedergeschlagen auf den Weg zurück in sein Bett.

Seine sahnebekleckerten Füße hinterließen ihre Spuren auf den roten Teppichen, mit denen alle Gänge des Schlosses ausgelegt waren. Auch die seidenen Bettlaken des königlichen Bettes bekamen ihren Teil an Sahnecreme und Schokostreuseln ab. Doch das war dem König, der für gewöhnlich ziemlich ordentlich war, in seinem Kummer völlig egal.

Den ganzen nächsten Tag war er schlecht gelaunt und unruhig. Die Königin sagte von der ganzen leidigen Angelegenheit kein Sterbenswörtchen zu ihm. Sie wechselte nur hin und wieder mit dem Leibarzt einen bedeutungsvollen Blick.

Am Abend wälzte sich der König unruhig im Bett herum. Er wollte den Leibarzt überlisten, deshalb brach er nicht zur selben Zeit wie sonst auf, sondern wartete, bis die Turmuhr zwölfmal schlug. „Jetzt ist dem Doktor bestimmt die Lust zum Warten schon vergangen", dachte er und machte sich zufrieden auf den gewohnten Weg. Doch mit seiner Zufriedenheit war es gleich aus, denn als er die Speisekammertür öffnen wollte, war sie verschlossen. So eine Gemeinheit!

Da brach nun eine harte Zeit für den armen König Karl an: Keine Torten, kein Kuchen, nur Diät, Diät und nochmals Diät!

Doch nach einigen Monaten fühlte er sich plötzlich besser. Er musste jetzt nicht mehr so oft verschnaufen, wenn er die Treppe hinaufstieg. Wieder einige Monate später konnte er sogar wieder reiten. Und nach einem Jahr Diät war der König fast wieder so schlank wie zu der Zeit, als er seine Königin geheiratet hatte. Jetzt merkte er erst, wie wohl er sich fühlte, weil er wieder flink und beweglich war.

Auf seine geliebten Süßigkeiten brauchte er dennoch nicht ganz zu verzichten. Jeden Mittwoch und jeden Sonntag nämlich bekam er zwei Stück Sahnetorte und drei Kugeln Eis.

König Karl

König Karl ist sehr gemütlich,
tut sich gern am Essen gütlich,
und wenn König Karl mal lacht,
wackelt alles, dass es kracht.

König Karl – ihr werdet lachen! –
liebt besonders süße Sachen!
Da kommt der Doktor – welch ein Jammer! –,
sperrt ihm ab die Speisekammer!

In der Klemme sitzt der König,
alles ist ihm viel zu wenig!
Und weil er keinen Kuchen hat,
isst er Schnitzel mit Salat.

K k
ck

König Karl

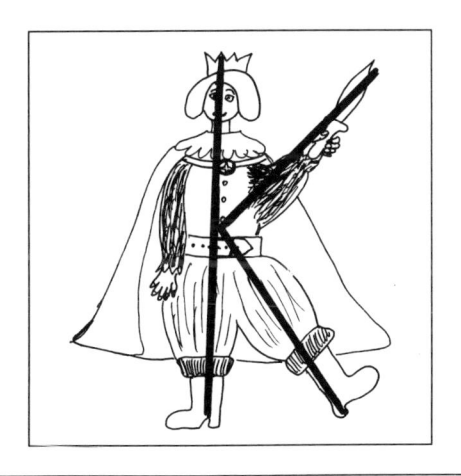

K

Das schmeckt gut mit K:
Kokosnuss

Das riecht gut mit K:
Kaffeebohnen
Kümmel
Kardamom

| König |
| Karl |
| Kuchen |
| mag |

Leo, das lustige Lama

Sicher magst du Tiere gern. Vielleicht hast du sogar zu Hause einen kleinen Hund, eine Katze oder irgendein anderes Tier. Wenn du aber Flamingos oder Stachelschweine oder Lamas sehen willst, musst du höchstwahrscheinlich in den Zoo gehen. Oder könntest du dir vorstellen, in deiner Badewanne einen Flamingo, im Kleiderschrank ein Stachelschwein und im Gemüsegarten ein Lama zu halten? Wohl kaum!

Ich kenne aber einen Mann, der alle diese Tiere und noch einige andere dazu besitzt. Natürlich wohnen sie nicht bei ihm im Haus. Nein, Herr Habersack ist reich genug, sich einen eigenen kleinen Tierpark zu halten. Neben seinem Garten liegen Ställe und Gehege für Affen, Ponys, Zebras, Papageien, Rehe und Hirsche. Seit einiger Zeit gibt es dort auch ein Lama mit dem Namen Leo.

Damit ist für Herrn Habersack ein lange gehegter Wunsch in Erfüllung gegangen. Für Lamas schwärmt er nämlich besonders. Er findet sie so schön. Leo bekommt ein eigenes großes Gehege gleich neben dem Rotwild. Dort wird er jeden Abend von Herrn Habersack besucht. Nun könnte man meinen, alles wäre in schönster Ordnung. Das ist es aber nicht. Leo benimmt sich nämlich gar nicht gut. Um die Wahrheit zu sagen: Er benimmt sich sogar grauenhaft schlecht!

Jeden Besucher, der seinem Gehege zu nahe kommt, spuckt er gründlich nass. Herr Habersack ist ja nun wirklich ein großer Tierfreund, und er hat auch Verständnis dafür, dass Leo sich erst an die neue Umgebung gewöhnen muss, aber was zu weit geht, geht zu weit! Fünf nagelneue Anzüge vom besten und teuersten Schneider der Stadt sind mit dem Gespucke schon ruiniert worden, außerdem drei Seidenkleider und zwei vornehme Hüte.

Nun wirst du sagen: Wer zieht schon so elegante Kleider an, wenn er ein Tiergehege besichtigt! Aber du musst wissen, dass Herr Habersack oft sehr vornehmen Besuch hat. Und bisher hat er allen seinen Gästen immer seinen Zoo gezeigt. Auf den ist er ja so stolz. Doch der Ärger mit Leo hat ihm die Freude daran gründlich verdorben. Er überlegt schon, ob er ihn nicht wieder verkaufen soll. Warum nur ist er so unartig? Kannst du dir das denken? Der Tierpfleger hat auf jeden Fall keine Ahnung, und auch Herr Habersack selbst ist völlig ratlos.

Doch glücklicherweise hat er einen kleinen Neffen, einen richtig aufgeweckten Burschen, der in den Ferien oft für einige Zeit zu ihm kommt. Benni ist immer ganz glücklich, wenn er seinen Onkel besuchen darf. Er verbringt dann den ganzen Tag bei den Tieren. Auch er wird von Leo gleich ordentlich angespuckt. Doch erstens hat er nur Jeans und einen alten Pulli an, und zweitens sind kleine Jungen überhaupt nicht so empfindlich wie große Leute, und deshalb macht ihm das nicht so sehr viel aus. Er wundert sich nur darüber und beschließt herauszubekommen, weshalb Leo so unartig ist.

Darum setzt er sich auf eine Bank gleich neben dem Gehege und beobachtet ihn eine Weile. Dabei fällt ihm auf, dass Leo immer am Zaun steht und zu den Rehen und Hirschen auf der anderen Seite hinüberschaut. Die sind lustig und vergnügt, spielen miteinander und langweilen sich überhaupt nicht. Auf Leos Wiese aber ist gar nichts los! Er hat kein anderes Tier zum Spielen. Da geht Benni ein Licht auf: Leo ist einsam, und wer einsam ist, wird leicht böse!

Sofort flitzt er ins Haus zu seinem Onkel. Der sitzt gerade im Arbeitszimmer und brütet über wichtigen Geschäften. Benni reißt die Tür auf. „Ich hab's!", ruft er. „Er braucht jemanden zum Spielen!"

„Wie? Wer? Was?", fragt Herr Habersack entgeistert. „Warum bist du denn so aufgeregt?" Doch als ihm Benni erzählt, was er glaubt, wird Herr Habersack auch aufgeregt. Das wäre ja wunderbar, wenn er Leo behalten könnte, wenn das Lama gar nicht unheilbar bösartig wäre!

Die beiden flitzen sofort los. Der Tierpfleger muss auf der Stelle den Zaun zwischen Leos Wiese und dem Rotwildgehege niederreißen. Dann setzen sich Herr Habersack und Benni auf die Bank und warten ab, was passieren wird.

Leo ist zuerst etwas verunsichert, als der gewohnte Zaun fehlt. Doch dann setzt er sich zögernd in Bewegung und nähert sich den Tieren auf der Nachbarwiese. Die sind zuerst etwas erstaunt über den Besuch, doch bald schon mischt sich Leo unter sie, als gehöre er zu ihnen. Er spielt mit den Rehkitzen Fangen und ist ganz glücklich, dass er nun endlich Gesellschaft hat.

Dass er von da an kein einziges Mal mehr gespuckt hat, brauche ich dir eigentlich gar nicht mehr zu erzählen. Das hast du dir sicher schon gedacht.

Aber das Tollste weißt du noch nicht: Leo wird im Lauf der Zeit so zahm, dass Herr Habersack ihn die meiste Zeit frei herumlaufen lässt. Er benimmt sich jetzt immer mustergültig, und deshalb darf er manchmal sogar ins Haus hinein und seinem Herrn beim Mittagsschlaf Gesellschaft leisten.

Leo, das lustige Lama

Seht nur, wie das Lama spuckt,
wenn es um die Ecke guckt.

Lieber Leo, spuck nicht mehr,
trau mich sonst ja gar nicht her!

Zeile 1: Mit dem Finger auf das Lama deuten, mit der Hand einen Bogen vom Mund weg beschreiben (wie es spuckt).

Zeile 2: Mit der Hand eine Ecke beschreiben.

Zeile 3: Abwehrende Gesten.

Zeile 4: Kopf schütteln.

Ll

Leo, das lustige Lama

Leo, das lustige Lama

Seht nur, wie das Lama spuckt,
wenn es um die Ecke guckt.

Lieber Leo, spuck nicht mehr,
trau mich sonst ja gar nicht her!

Das schmeckt gut mit L:
Lauchsuppe

Das riecht gut mit L:
Lavendel

Lama
lustig

Mimi mit der kleinen Maus

Seit einiger Zeit ist Mimi mit ihren Eltern gar nicht mehr zufrieden. Sicher: Papa ist lieb und lustig. Er spielt jeden Abend mit ihr und liest ihr schöne Geschichten vor. Auch Mama ist eigentlich ganz in Ordnung. Und trotzdem ist Mimi so böse auf ihre Eltern, dass sie beschließt auszuziehen. Sie weiß nur noch nicht wann.

Nun wirst du dich fragen, was denn Mimi so sehr verärgert hat. Das kann ich dir sagen. Mimi wünscht sich nichts so sehr wie ein Haustier, und diesen Herzenswunsch haben ihr die Eltern abgeschlagen. Goldfische oder einen Kanarienvogel hätte sie vielleicht bekommen, aber sie will ein richtiges Tier, eines mit einem weichen Fell, das man lieb haben kann.

Am liebsten hätte sie einen Hund. „Das geht nicht", sagt Papa, „denn das Halten von Hunden ist in unserem Haus verboten." Dann eine Katze. „Das geht nicht", sagt Mama, „denn wir wohnen im ersten Stock, und eine Katze muss hinauskönnen."

Deshalb also ist Mimi böse. So böse, wie sie noch nie mit ihren Eltern war. Und dabei hat sie nächste Woche Geburtstag. Das kann ja ein lustiges Fest werden! Sie merkt gar nicht, dass Mama und Papa sich manchmal bedeutungsvoll ansehen, wenn sie sagt, dass sie dieses Mal zum Geburtstag überhaupt keine Geschenke will. Das meint sie natürlich nicht so ernst, aber sie muss doch irgendwie zeigen, dass sie sehr, sehr böse ist. Eigentlich wäre sie am liebsten mit Mama und Papa wieder gut, aber wie soll sie das machen, nachdem sie lauthals verkündet hat, sie würde nie, nie, nie wieder lieb sein?

Als der Geburtstag da ist, freut sie sich doch ein kleines bisschen, auch wenn sie das nie zugegeben hätte. Am Nachmittag kommen Onkel Hans,

Tante Grete, Oma, Opa und Mimis beste Freundin Marlies. Papa und Mama sind im Esszimmer und richten Mimis Geschenke her.

Endlich ist es so weit: Die Tür geht auf und Mimi wird feierlich zu ihrem Geschenktisch geführt. Da liegen Bücher, ein wunderschöner neuer Pullover und das Verrückte-Labyrinth-Spiel. In der Mitte steht der Geburtstagsring mit 8 Kerzen, und hinter den Kerzen, was ist denn das? Vor lauter Freude bekommt Mimi einen richtigen kleinen Schreck: Da steht ja ein blitzblanker Käfig, in dem wie verrückt ein süßes Tierchen herumflitzt. Mit einem Freudenschrei stürzt Mimi hin. „Das ist eine Wüstenrennmaus", sagt Mama. „Es ist zwar kein Hund, aber wir haben uns gedacht ..." Doch sie kann gar nicht mehr zu Ende sprechen, denn schon ist ihr Mimi um den Hals geflogen und küsst sie stürmisch ab.

„Vielen Dank! Ich freu mich ja so!" Vergessen ist der ganze Ärger, vergessen sind Hund und Katze. Jetzt hat sie ja ein eigenes Tier. Sie nimmt sich kaum noch die Zeit, mit den Geburtstagsgästen Kaffee zu trinken und von der Nusstorte zu essen, die Oma eigens für sie gebacken hat. Den Rest des Nachmittags verbringen Marlies und Mimi im Kinderzimmer und spielen mit der Maus, die den Namen Molli bekommen hat, wegen ihres weichen molligen Fells. An diesem Abend schläft Mimi sehr glücklich ein.

Jeden Nachmittag nach den Hausaufgaben kommt nun Marlies zu Mimi, und dann bringen die beiden Mädchen der Maus alle möglichen Kunststückchen bei. Molli ist sehr gelehrig. Sie kann bald schon auf Kommando Männchen machen, sich im Kreis drehen, in die Luft springen und auf dem ausgestreckten Arm hin und her rennen. Wenn Mimi und Marlies dann hinausgehen, setzen sie Molli immer ganz gewissenhaft in den Käfig und machen das Türchen zu, damit sie ja nicht verschwinden kann.

Eines Tages läuft Molli gerade wieder im Kinderzimmer herum, da läutet Marlies an der Wohnungstür Sturm und will Mimi zum Drachensteigen abholen. Sie hat einen neuen Superdrachen bekommen, und draußen weht gerade ein richtig toller Wind. Mimi ist sofort Feuer und Flamme. Sie schlüpft nur noch schnell in ihre Jacke, dann flitzen die beiden los. An Molli denkt keine mehr.

Als Mimi wieder zurück ist, geht sie in ihr Zimmer, um ihre Schulsachen für den nächsten Tag herzurichten. Da sieht sie gerade noch, wie der riesige, schwarze Peterle, der Kater von nebenan, aus dem Fenster in die Äste der großen Buche springt, die direkt vor dem Fenster steht. „Molli", ist ihr erster Gedanke. Sie läuft zum Käfig, das Türchen ist offen, von Molli keine Spur. Peterle wird doch nicht ...

Nein, das will sie einfach nicht glauben. Sie sucht unter dem Bett, im Bett, hinter dem Schreibtisch, überall, doch nirgends ist Molli. Du kannst dir sicher vorstellen, dass Mimi an diesem Abend das Essen überhaupt nicht geschmeckt hat. Schweigsam sitzt sie am Tisch und kämpft mit den Tränen. Mama versucht sie zu trösten: „Wenn Molli wirklich weg ist, bekommst du wieder eine Maus!"

Doch Mimi will nicht irgendeine Maus, Mimi will ihre Molli. Sie weiß auch, daß sie am Nachmittag einfach weggerannt ist, ohne Molli wieder in den Käfig zu setzen, und das macht die Sache nur noch schlimmer, denn sie hat deshalb ein schlechtes Gewissen. Sie ist schuld, wenn Peterle ihre süße, kluge Maus gefressen hat.

Als sie sich vor dem Zubettgehen auszieht, räumt sie ganz ordentlich ihre Kleider gleich wieder in den Schrank. Das ist bei ihr sehr ungewöhnlich, denn meistens liegt alles im ganzen Zimmer verstreut, und Mama muss sie mindestens zweimal daran erinnern, doch endlich aufzuräumen. Aber ein schlechtes Gewissen macht nicht nur traurig, es macht auch artig, und deshalb räumt Mimi heute also alles gleich auf. Als sie ihren Pullover in den Schrank legen will, spürt sie etwas Weiches, Kuscheliges, Warmes im Pulloverfach. Zuerst erschrickt sie ein bisschen, doch dann beginnt ihr Herz schneller zu klopfen. Sie fasst vorsichtig zu und – hat auch schon Mimi in der Hand!

So ein Glück! Sie schmettert die Schranktür zu und führt vor Freude einen richtigen Indianertanz auf. Mama kommt gleich ganz besorgt gelaufen, weil sie denkt, Mimi sei vor Kummer übergeschnappt. Doch als sie mitbekommen hat, dass Molli wieder da ist, dass sie sich nur im Schrank versteckt hatte, freut sie sich genauso sehr wie Mimi und sagt lachend: „Diesmal war es ganz gut, dass unser Schlampinchen die Schranktür meistens offenlässt, denn sonst hätte sich Molli nicht so gut verstecken können!"

Mimi aber nimmt sich vor, jetzt immer besonders gut aufzupassen, dass Molli sicher in ihrem Käfig sitzt, denn den Schreck möchte sie nicht noch einmal erleben!

Das Lied von Mimis Maus

Mi ma mutsch,
die Maus ist leider futsch!
Verkrochen hat sich dieses Biest,
sodass die Mimi traurig ist!
Mi ma mutsch,
die Maus ist leider futsch!

Mi mu ma,
die Maus ist wieder da!
Sie hat sich nur im Schrank verkrochen,
und die Katz' hat's nicht gerochen.
Mi mu ma,
die Maus ist wieder da!

Dazu kann nach der Melodie von „Ri ra rutsch, wir fahren mit der Kutsch'" gesungen werden.

Das Lied von Mimis Maus

Mi ma mutsch,

die Maus ist leider futsch!

Verkrochen hat sich dieses Biest,

sodass die Mimi traurig ist!

Mi ma mutsch,

die Maus ist leider futsch!

Mi mu ma,

die Maus ist wieder da!

Sie hat sich nur im Schrank verkrochen,

und die Katz' hat's nicht gerochen.

Mi mu ma,

die Maus ist wieder da!

Mm

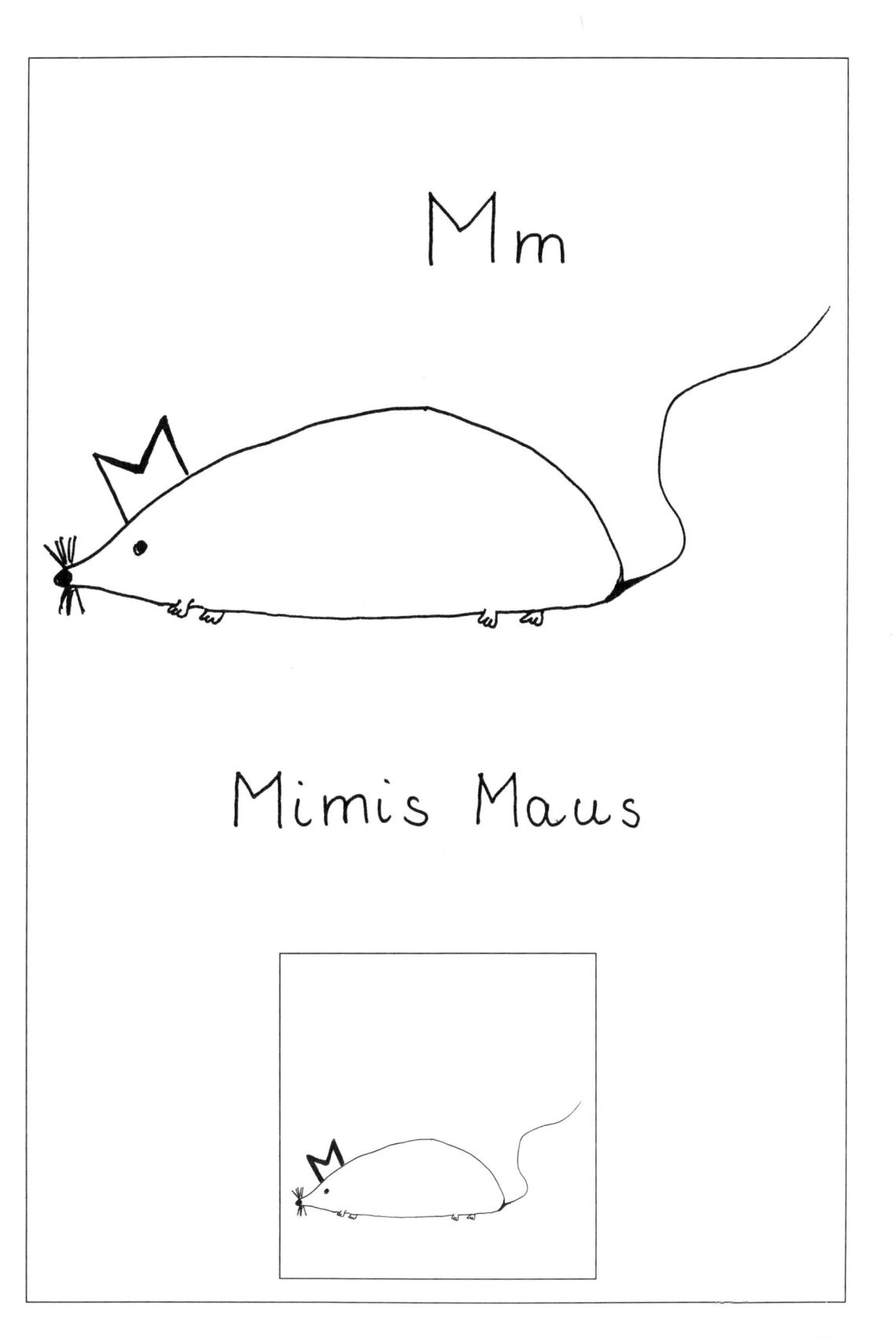

Mimis Maus

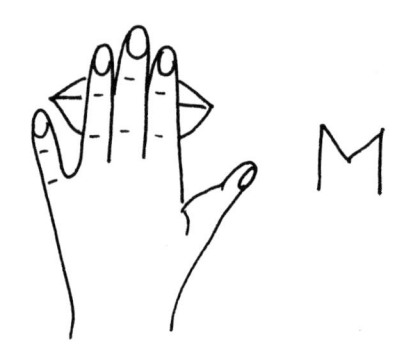

Das schmeckt gut mit M:
Melone
Mandarinen

Das riecht gut mit M:
Muskat
Mandarinenöl

| Maus |
| Mama |
| im |
| Mimi |
| Schrank |

Sieben weiße Nordpolhasen

Weißt du eigentlich, dass die Erde gar nicht so flach ist, wie sie uns vorkommt, sondern dass sie in Wirklichkeit rund ist, fast so rund wie ein Ball? Und dieser Ball ist oben und unten von einer dicken Eiskappe bedeckt. Die obere Eiskappe heißt Nordpol, die untere Südpol.

Die sieben kleinen, weißen Schneehasen, von denen ich dir erzählen will, lebten am Nordpol. Sie lebten dort mit ihrer Hasenmutter und ihrem Hasenvater. Ihr Hauptvergnügen war es, draußen in Eis und Schnee herumzurennen, auf die Eisberge zu klettern und von oben herunterzurutschen. Dazu brauchten sie keinen Bob und keinen Schlitten, denn sie hatten ja ihr weiches, weißes Fell.

So weiß war ihr Fell, dass man sie in dem ganzen Eis und Schnee kaum sehen konnte. Die Hasenmutter, die wie die meisten Mütter ein wenig ängstlich war, lief oft vor das Haus, um nach ihren Kindern Ausschau zu halten. Doch weil ihr Fell genauso weiß wie der Schnee war, konnte sie die kleinen Hasen nur selten ausfindig machen. Das bereitete ihr große Sorgen, denn sie glaubte immer, es sei ihnen etwas passiert. Wenn ihre Kinder nur dunkles Fell hätten oder wenigstens hellbraunes! Dann könnte sie immer sehen, wo sie wären, und brauchte keine Angst um sie zu haben.

Eines Tages hatte sie eine glänzende Idee, eine wirklich wunderbare Idee: Sie kaufte Wolle in allen Farben und strickte für jedes ihrer Kinder einen knallbunten Schal. Diese Schals mussten sie sich nun immer umbinden, wenn sie nach draußen liefen. Den kleinen Nordpolhasen gefielen ihre bunten Schals. Sie wärmten so angenehm, und die Hasenmutter konnte sich jederzeit vergewissern, dass alle ihre Kinder quietschfidel und munter waren.

Sieben weiße Nordpolhasen
haben sieben weiße Nasen,
mümmeln in dem weißen Schnee:
Hase sein ist schön, juhe!

<u>Zeile 1</u>: Hasenohren mit den Händen formen.

<u>Zeile 2</u>: An die Nase fassen.

<u>Zeile 4</u>: Klatschen, bei „juhe" die Arme hochwerfen.

Nn

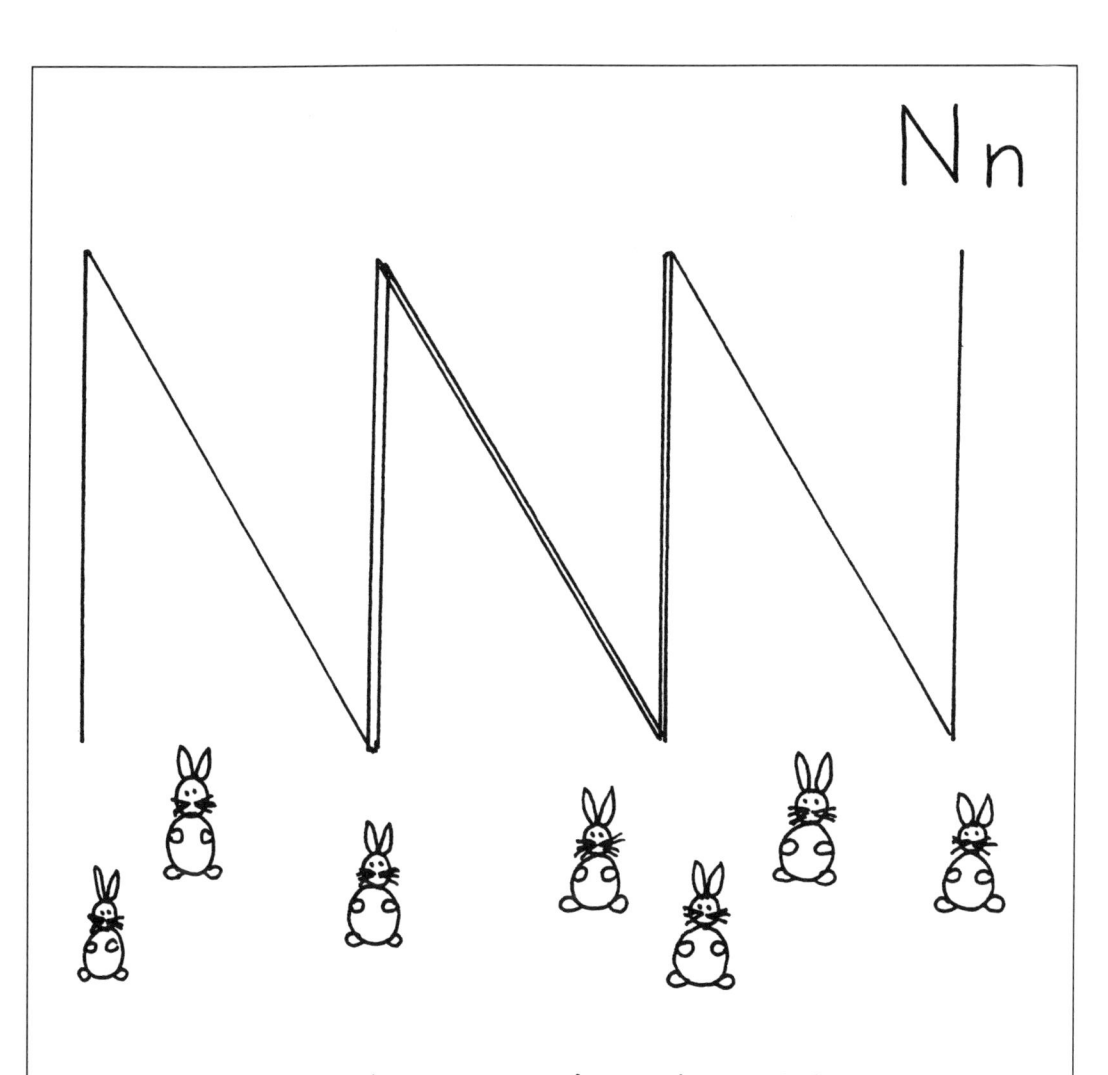

Die sieben Nordpolhasen

Sieben weiße Nordpolhasen
haben sieben weiße Nasen,
mümmeln in dem weißen Schnee:
Hase sein ist schön, juhe!

N

Das schmeckt gut mit N:
Nüsse

Das riecht gut mit N:
Nelken (Gewürznelken)

| Nase |
| Schnee |
| spielen |
| Hasen |

Ottos tolle Oma

Ottos Oma kann zaubern. Nicht so ganz richtig wie ein echter Zauberer, aber doch ein bisschen. Auf alle Fälle hat sie Otto schon so manches Mal mit ihren Künsten geholfen. Da gab es zum Beispiel vor einiger Zeit in der Schule öfter Ärger, weil Otto beim Abschreiben immer Fehler machte. Er konnte sich plagen, so viel er wollte, es war geradezu wie verhext: Immer wieder standen falsch geschriebene Wörter in seinem Heft. „Oma", fragte er deshalb eines Tages, „kannst du mir nicht einen Füller zaubern, der keine Fehler mehr macht? Mir hängt nämlich der ewige Ärger langsam zum Hals heraus."

„Nein, mein Junge", sagte Oma, „das wäre nicht gut für dich, denn dann würdest du das richtige Schreiben ja überhaupt nicht lernen. Ich weiß da etwas Besseres." Sie schwieg geheimnisvoll und wollte nicht verraten, woran sie dachte. Am nächsten Tag aber brachte sie Otto einen Füller, der genauso aussah wie sein alter. „Probier's doch mal mit dem", meinte sie und lächelte dazu. Otto konnte an dem Füller überhaupt nichts Besonderes entdecken und war eigentlich ein bisschen enttäuscht. Weil er aber seine Oma nicht kränken wollte, nahm er ihn mit in die Schule und benutzte ihn dort für einen Hefteintrag.

Als er bei der dritten Zeile war, hörte er plötzlich eine leise Stimme: „Aufpassen! Aufpassen!" Was war denn das? Er stieß seinen Nachbarn an und sagte: „Auf was soll ich denn aufpassen?" – „Wieso?", meinte der. „Ich glaube, du spinnst!" Otto war ganz verwirrt und schrieb weiter. Da – schon wieder die Stimme: „Aufpassen! Aufpassen!" Plötzlich ging ihm ein Licht auf: Das musste mit Omas Füller zusammenhängen! Er schaute sich genauer an, was er geschrieben hatte, und entdeckte auch wirklich einen Fehler. Jetzt verstand er, was Oma gemeint hatte: Sie wollte ihm keinen Füller zaubern, der ohne Fehler schrieb, sondern einen, der ihm half, keine Fehler mehr zu machen. Und weil ihn sein Zauberfüller von nun an auf jeden Fehler aufmerksam machte, hatte Otto jetzt immer tadellose Hefteinträge.

Doch davon wollte ich dir eigentlich gar nicht erzählen, sondern von einem Nachmittag, an dem Otto zuerst sehr unglücklich war, hinterher aber zum Sieger auf der ganzen Linie wurde, natürlich mit Hilfe seiner tollen Oma.

An diesem Nachmittag probierte er gerade auf dem Gehsteig vor dem Haus seine neuen Rollschuhe aus, als der freche Rudi mit seinem Freund Ernst daherkam, auch auf Rollschuhen. Die beiden machten sich nun einen Spaß daraus, den armen Otto zu ärgern. Sie flitzten ganz schnell an ihm vorbei und schubsten ihn, sodass er dauernd hinfiel, denn er war ja noch nicht so sicher auf den Rollschuhen. Ernst und Rudi lachten hämisch, als sie sahen, dass Otto mit den Tränen kämpfte.

Vor lauter Schadenfreude hatten sie gar nicht bemerkt, dass Ottos Oma das Spiel schon eine ganze Weile beobachtete. Sie kam nun auf die Kinder zu. Ernst und Rudi waren blitzschnell hinter einem Baum verschwunden und hänselten aus ihrem Versteck hervor: „Otto, Feigling! Otto, Feigling!" Da hatten sie aber nicht mit der tollen Oma gerechnet, denn die rief zurück: „Wer ist hier ein Feigling? Komm doch her und lauf mit mir um die Wette, wenn du dich traust!"

Da fühlte sich der freche Rudi natürlich ganz stark. Grinsend kam er näher. „Wir laufen von hier bis zu dem Ahornbaum dort hinten und wieder zurück", schlug Oma vor. „Sieger ist der Schnellere. Was kriege ich von dir, wenn ich dich besiege?" Das war für Rudi kein Problem. Die Oma sollte ihn besiegen? Ausgeschlossen! Er war sich völlig sicher, das Rennen zu gewinnen, deshalb bot er der Oma als Siegesprämie das Kostbarste an, was er besaß: eine Wasserpistole, mit der man fünf Meter weit schießen konnte. So eine Pistole hatte außer ihm kein Kind.

„Gut", sagte die Oma. „Und wenn du gewinnst, bekommst du von mir fünf Mark." Sie zog aus ihrer Tasche ein Paar Rollschuhe, schnallte sie an und stellte sich am Start auf.

Otto rief: „Achtung, fertig, los!" Oma schoss davon wie ein geölter Blitz. Auch Rudi gab kräftig Gas. Doch was war das? Seine Rollschuhe verhedderten sich plötzlich und er fiel hin. Als er sich wieder aufrappelte, war Oma schon beim Ahorn angelangt. Sie winkte fröhlich und rief: „Hallo! Hier bin ich!" Das war ja allerhand! Rudi schnaufte wütend. Der wollte er's aber zeigen! Er legte wieder los. Doch kaum war er einigermaßen in Fahrt, verlor er das Gleichgewicht und stürzte noch einmal, diesmal nach hinten. Oma – schon auf dem Rückweg zum Ziel – sauste an ihm vorbei. Kaum stand er wieder auf den Beinen, hörte er: „Ziel!"

Da hatte er doch tatsächlich das Rennen verloren. Ganz blass vor Enttäuschung hielt er Oma die Wasserpistole hin. Sie steckte sie lächelnd ein und sagte freundlich: „Vielleicht überlegst du es dir das nächste Mal besser, bevor du wieder wehrlose Kinder ärgerst. Und außerdem, sooo toll kannst du ja eigentlich gar nicht Rollschuh laufen."

Als Rudi mit Ernst abgezogen war, fragte Otto seine Oma: „Sag mal, seit wann hast du denn Rollschuhe und wieso kannst du so phantastisch laufen?"

Oma lächelte: „Rollschuhe sind das nicht, mein Lieber, sondern Zauber-Rollschuhe. Und ich habe sie seit höchstens einer halben Stunde. Außerdem ist es bei ihnen auch gar nicht nötig, dass man Rollschuh laufen kann, denn sie fahren ganz von alleine. Ich schenke sie dir, und wenn dir der Rudi wieder einmal dämlich kommt, brauchst du ihm nur ein kleines Wettrennen vorzuschlagen. Du wirst sehen, wie schnell er dann friedlich wird."

Und wirklich hatte Rudi nach diesem Nachmittag überhaupt keine Lust mehr, Otto zu ärgern, sondern machte sich immer schleunigst aus dem Staub, wenn er ihn nur von weitem sah.

Ottos Rollschuh

Großes O und kleines o,
das geht einfach immer so.

Mit den Händen rhythmisch, zum Vers passend, große und kleine O in die Luft zeichnen.

Großes O und kleines o,
das geht einfach immer so.

Das schmeckt gut mit O:
Obstsalat

Das riecht gut mit O:
Orangenöl

Oma
Otto
kommt

Popcorn – Plopcorn

Sarah kann heute in der Schule gar nicht richtig stillsitzen. Sie freut sich so auf den Nachmittag, denn die Mama will mit ihr Popcorn machen. Gestern haben sie schon Mais eingekauft. Sarah kann sich gar nicht vorstellen, wie aus den gelben, harten Körnern die weichen, weißen Bälle werden sollen. Das hat sie noch nie gesehen.

Endlich läutet es. Die Schule ist aus, und Sarah, die sonst auf dem Nachhauseweg immer trödelt, ist eine der ersten, die fix und fertig angezogen sind. Uli, ihre Freundin, kann sie gerade noch vor dem Schulhaus einholen. „Warum rennst du denn heute so?", keucht sie ganz außer Atem.

„Mama will am Nachmittag mit mir Popcorn machen", sagt Sarah, „da will ich ganz pünktlich daheim sein."

„Mensch, du hast's gut", mault Uli. „Mit mir macht keiner so was!"

„Komm doch einfach zu mir", schlägt Sarah vor. „Um zwei Uhr fangen wir an."

„Abgemacht!" Vor Sarahs Haustür trennen sich die beiden Freundinnen.

Sarahs Mama ist ganz erstaunt, dass ihre Tochter schon da ist. Das Mittagessen ist fast fertig. Nach dem Essen räumen sie zusammen die Küche auf, und schon kann's losgehen. Es ist noch nicht einmal zwei Uhr, so früh sind sie heute dran!

Sarah darf Öl in den Topf gießen. Als es heiß genug ist, bekommt sie von Mama eine halbe Tasse Maiskörner, die sie in den Topf schütten soll. So wenig nur? Dabei soll doch der ganze große Topf voll Popcorn werden! Mama lacht. „Wart's nur ab!"

Als die Körner im Öl liegen, warten sie, bis das erste davon platzt und als weißer Ball hochspringt. Dann legt Mama den Deckel auf den Topf. Nun hören sie schon, wie es knallt. „Plop, plop, plop", schießt es von innen gegen den Deckel. In dem Moment läutet es an der Haustür. Sarah hat ganz vergessen, dass Uli kommen wollte.

„Ich mach schnell auf", sagt Mama. „Nimm ja nicht den Deckel vom Topf", schärft sie Sarah noch ein, „sonst springt das ganze Popcorn in der Küche herum."

Das Popcornfeuerwerk ist jetzt auf dem Höhepunkt angelangt. Plop, plop, ploploploplop, knallt es im Topf. Sarah würde zu gern sehen, was da los ist. Wenn sie den Deckel nur ein kleines, kleines bisschen hebt? Das macht doch bestimmt nichts.

Vorsichtig hebt sie den Deckel ein wenig. Da fliegt ihr auch schon ein Popcorn an die Wange und ein zweites gegen die Stirn. Erschrocken läßt sie den Deckel fallen. Das hätte sie besser nicht tun sollen! Jetzt schießen die ganzen Popcorns wie winzige, weiße Raketen in der Küche herum. Als Mama mit Uli hereinkommt, steht da eine ratlose Sarah in dem ganzen Tohuwabohu. Die Küche sieht aus wie ein Schlachtfeld.

Mama ärgert sich zuerst, aber dann muss sie doch lachen und sagt: „Nun gut, dann machen wir eben nochmal einen Topf voll, dann sieht Uli auch gleich, wie es geht. Aber jetzt bleibt der Deckel zu. Dafür werde ich sorgen!"

Es wird dann noch eine sehr vergnügte Popcornparty. Die beiden Mädchen essen, bis sie fast platzen, und trotzdem schaffen sie es nicht, alles zu vertilgen. Als es für Uli Zeit zum Heimgehen ist, beschließen sie, bald wieder einmal Popcorn – Plopcorn zu machen.

Pip, pap, pop,
im Topf, da macht es plop.
Die Körner knallen hin und her,
sie schießen kreuz und schießen quer.
Wann wird der Deckel aufgemacht?
Das hörst du schon: Wenn's nicht mehr kracht!

Zu dem Vers rhythmisch klatschen.

Pip, pap, pop,
im Topf, da macht es plop.
Die Körner knallen hin und her,
sie schießen kreuz und schießen quer.
Wann wird der Deckel aufgemacht?
Das hörst du schon: Wenn's nicht mehr kracht!

Popcorn Plopcorn

Pp

Das schmeckt gut mit P:
Popcorn

Das riecht gut mit P:
Petersilie

| Popcorn |
| macht |
| plop |

Quittengelee

Wenn du einmal im Herbst in das Obstgeschäft kommst, siehst du vielleicht Quitten. Sie schauen ein bisschen so aus wie Äpfel und duften ganz herrlich. Es gibt sie nur im Herbst, sonst das ganze Jahr nicht. Wenn du aber glaubst, dass du in so eine Quitte einfach hineinbeißen kannst wie in einen Apfel oder in eine Birne, dann wirst du enttäuscht sein: Quitten sind nämlich hart wie Holz, und um sie zu schneiden, braucht man ein richtig großes Messer. Roh essen kann man sie überhaupt nicht, aber man kann ein köstliches Gelee aus ihnen machen. Ich sage dir das Rezept:

Du brauchst zwei bis drei Pfund Quitten. Deine Mama muss sie in Stücke schneiden. Du kannst das nicht selber machen, weil man dafür sehr viel Kraft braucht. Dann legst du die Quittenstücke in einen Topf, bedeckst sie mit Wasser und lässt sie kochen, bis sie weich sind. Das duftet herrlich im ganzen Haus. Den Saft gießt du ab und hebst ihn auf.

Die Quitten lässt du über Nacht durch ein feines Mulltuch abtropfen. Dafür kannst du eine alte Stoffwindel nehmen, mit der geht es am besten. Ich stelle immer einen Stuhl verkehrt herum – mit den Beinen nach oben – auf einen Tisch. An den vier Stuhlbeinen binde ich die Windel fest, sodass sie dazwischen hängt wie eine Schüssel. Unter die Windel stelle ich einen großen Topf. Dann schütte ich die weichgekochten Quitten in die Windel zum Abtropfen. Der Saft wird in dem Topf aufgefangen.

Am nächsten Tag geht es weiter: Da musst du den Quittensaft wiegen. Dann nimmst du so viel Gelierzucker, wie du Saft hast – also bei einem Kilo Saft ein Kilo Zucker –, und kochst den Saft mit dem Gelierzucker, bis er dick wird. Das nennt man: Er geliert. Dann füllst du das heiße Gelee in saubere Gläser. Es schmeckt köstlich auf einem frischen Brot mit Butter.

Wenn du ein Gelee ohne Zucker möchtest, dann kann deine Mama im Reformhaus Agar-Agar kaufen und das Gelee mit Honig süßen. Agar-Agar macht den Quittensaft dick, damit das Ganze ein Gelee wird, und der Honig macht das Gelee süß. Das schmeckt auch sehr gut!

Qu
qu

Quitte

Ein paar Verse mit Qu

Willst du ein paar Quitten,
musst du recht schön bitten!

Die Qualle schwimmt im Meer herum,
sie quasselt nicht, denn sie ist stumm.

Isst du täglich deinen Quark,
wirst du später groß und stark.

Hört der Frosch nicht auf zu quaken,
musst du ihn am Halse packen.

Auf dem Berge Ararat
wohnt die Mutter Pietschen.
Wenn sie nichts zu essen hat,
fängt sie an zu quietschen.

Qu

Das schmeckt gut mit Qu:
Quittengelee

Das riecht gut mit Qu:
frische Quitten

| Qitten |
| quakt |

Roland, der rasende Rennfahrer

Vor ein paar Tagen ist Roland eine komische Sache passiert, und er weiß immer noch nicht: War das echt oder hat er sich alles nur eingebildet?

Du musst wissen, dass Roland ein begeisterter Rennfahrer ist. Jede freie Minute sitzt er auf seinem Gokart und flitzt auf dem Hof hinter dem Haus herum. Gott sei Dank ist dieser Hof ziemlich groß und daher zum Rennfahren einigermaßen geeignet. Aber Rolands Mutter wird immer ganz schlecht, wenn sie ihrem Sohn zusieht, wie er in die Kurven flitzt, dass es nur so rauscht. „Pass doch besser auf", ruft sie dann ganz besorgt, „du wirst noch irgendwo dagegenfahren!"

Das bräuchte sie allerdings Roland nicht zu sagen. Man kann ja von seiner Raserei halten, was man will, aber dass er sehr gut aufpasst, das hat er erst neulich wieder gezeigt. Da kam die alte Frau Berger, die sowieso schon so wacklig auf den Beinen ist, gerade auf den Hof, als Roland seinen wildesten Slalom fuhr, direkt auf sie zu. Sie stieß einen Schrei aus, sah sich im Geiste schon im Krankenhaus liegen und machte vorsichtshalber erst einmal die Augen zu. Doch nichts geschah. Als sie dann die Augen wieder öffnete, sah sie einen fröhlich winkenden Roland, der an ihr vorbeigefahren war und gerade wendete. Nein – Angst zu haben bräuchte man wegen Roland nicht.

Aber letzten Dienstagnachmittag – das war wirklich seltsam. Was Roland da gerade machte, brauche ich dir sicher nicht zu erzählen. Du wirst es schon erraten haben. Richtig! Er fuhr mit seinem Gokart im Hof herum. Was heißt: fuhr! Er rannte, flitzte, raste, man konnte glauben, er würde jeden Moment anfangen zu fliegen! So toll hatte er es ja noch nie getrieben. Dass die Mutter besorgt aus dem Fenster rief, er solle langsamer fahren, wird dich nicht wundern. Und dass Roland sich darum nicht kümmerte und munter weiterraste, ist eigentlich auch klar.

Aber während er so flitzte, was die Kiste nur hergab, passierte es: Ein Hinterrad hatte sich von der Radstange gelöst und überholte Rolands Gokart. Vor Schreck hörte er auf zu treten, wurde langsamer, und auch das Rad wurde langsamer und war plötzlich wieder an seinem Platz. Roland war den Rest des Tages völlig verwirrt. Konnte es denn so etwas geben? Ein Rad, das von alleine losrannte und genauso von alleine plötzlich wieder an seinem Platz war? Sein Gokart war ihm auf einmal richtig unheimlich.

Deshalb fährt er seitdem etwas langsamer. Ob das allerdings lange anhalten wird, müssen wir abwarten.

Roland, der rasende Rennfahrer

Roland rennt wie wild umher,
Rennen freut ihn gar so sehr.
Es macht peng!
Es macht krach!
Rollt das Rad dem Roland nach!

Zu den ersten beiden Zeilen: Lenkraddrehen mit beiden Händen.
Zeile 3: Bei „peng" stampfen.
Zeile 4: Bei „krach" klatschen.
Zeile 5: Mit den Händen abwechselnd Kreise nach vorne beschreiben.

Dieser Reim eignet sich gut als Schnellsprechvers. Dann werden auch die Bewegungen entsprechend flotter.

Roland, der rasende Rennfahrer

Roland rennt wie wild umher,

Rennen freut ihn gar so sehr.

Es macht peng!

Es macht krach!

Rollt das Rad dem Roland nach!

Rr

Der rasende Roland

Das schmeckt gut mit R:
Radieschenbrot

Das riecht gut mit R:
Rosmarin
Rosen

| rennt |
| umher |
| Roland |
| Auto |
| Rad |

Susi Sausewind

„Mama, darf ich mit Daniel spazieren fahren?", bettelt Susi oft. Daniel ist das kleine Brüderchen. Es liegt noch den ganzen Tag im Bettchen oder im Kinderwagen. Mama antwortet dann immer: „Nein, Susi, du bist mir dafür zu wild. Ich hätte Angst, dass du mir nicht vorsichtig genug wärst." Und dabei ist es bis jetzt geblieben. Mama hat sich noch nicht erweichen lassen. Susi ist allerdings ehrlich genug zuzugeben, dass sie Mama schon verstehen kann. Es ist ja wirklich wahr: Sie ist wilder als jeder Junge, klettert auf jeden Baum, flitzt um alle Ecken, und wenn irgendwo eine Pfütze ist, kann man sicher sein, dass früher oder später Susi darin landet.

„Du bist ein richtiger Sausewind", sagt Papa oft, „eigentlich sollten wir dich nicht Susi nennen, sondern Suserich." Man muss Mama also schon verstehen, wenn sie diesem wilden Kind nicht das Brüderchen anvertrauen will.

Eines Tages jedoch hat sie sich die Sache anscheinend anders überlegt, denn als Susi wieder einmal fragt: „Mama, darf ich mit Daniel spazieren fahren?", bekommt sie die völlig unerwartete Antwort: „Ja, aber fahr' vorsichtig, und vor allen Dingen: Renn' nicht mit dem Kinderwagen!"

Susi verspricht, ganz gut aufzupassen, und schiebt hochzufrieden los. Zuerst geht sie langsam und vorsichtig, ganz stolz, dass sie alleine das Brüderchen ausfahren darf. Doch dann wird ihr das allmählich langweilig, und sie beginnt, den Kinderwagen ein kleines bisschen anzuschubsen, loszulassen und dann wieder einzufangen. Das macht dem Kleinen Spaß! Er kräht vergnügt und fuchtelt mit seinen kleinen Armen. Susi schubst den Wagen immer fester, lässt ihn immer weiter vorausrollen, ehe sie ihn wieder einfängt.

Nach einiger Zeit führt der Weg bergab. Da schiebt Susi wieder ganz ordentlich. Sie hat sich ja wirklich vorgenommen, vorsichtig zu sein. Aber dann denkt sie sich: „Wenn ich nur einmal kurz loslasse, dann kann doch gar nichts passieren." Gedacht – getan. Der Wagen rollt nur ein kleines Stückchen, und sie erwischt ihn mühelos sofort wieder. Nun schubst sie ein wenig – auch das macht nichts. Sie schubst ein bisschen stärker – jetzt muss sie schon ein paar schnellere Schritte machen, um den Wagen wieder einzuholen. Das gefällt dem kleinen Daniel. Er jauchzt ganz entzückt, während Susi immer wilder wird. Sie denkt sich: „Das letzte Stück bergab gebe ich dem Kinderwagen einen ordentlichen Schubser, und dann renne ich mit ihm um die Wette."

Doch gerade das letzte Stück ist besonders steil, und der Wagen rollt sehr schnell abwärts. Susi will bis fünf zählen, bevor sie mit dem Wettrennen beginnt. Aber schon bei „drei" sieht sie, wie der Kinderwagen gefährlich schwankt. Da bekommt sie Angst. Sie rennt sofort los. Der Wagen ist schneller, als sie gedacht hat. Jetzt findet auch Daniel das Ganze nicht mehr lustig. Aus seinem vergnügten Kreischen ist ein ängstliches Geschrei geworden. Susi sprintet, so schnell sie kann. Ihr Herz klopft wie wild. Der Wagen holpert in rascher Fahrt dahin. Er wird jeden Moment umkippen.

Da – Susi hat den Griff erwischt! Sie bremst und steht nun erst einmal mit zittrigen Knien und völlig außer Atem da. Das Brüderchen brüllt noch immer. Doch als sie es auf den Arm nimmt, beruhigt es sich gleich. Nach einiger Zeit setzen die beiden ihren Weg fort. Wer ihnen jetzt begegnet, sieht einen qietschvergnügten Daniel und eine sehr artige Susi, die vorsichtig den Kinderwagen schiebt.

Zu Hause beichtet Susi erst einmal ihrer Mama alles, und die sagt: „Jetzt kann ich dich beruhigt mit dem Kinderwagen losfahren lassen, denn du wirst in Zukunft bestimmt immer vorsichtig sein, das sehe ich dir an der Nasenspitze an." Und das könnt ihr glauben, dass die Mama da Recht hatte.

Susi Sausewind

Susi Sausewind
ist ein schnelles Kind,
wie man nicht so leicht
noch ein and'res find't.
Saust um jedes Eck,
fliegt in jeden Dreck,
und ist schon ...
.... weg!

Zeile 1 bis 4: Die letzten drei Silben in einem punktierten Rhythmus sprechen, die erste Silbe länger, die anderen beiden kurz: <u>Sau</u> - se - wind, <u>schnel</u> - les Kind, <u>nicht</u> so leicht, <u>and'</u> - res find't.
Zu den drei letzten Silben jeder Zeile klatschen.

Zeile 5 und 6: Die letzten drei Silben wieder punktiert sprechen, dazu Gesten:
Zu „<u>je</u> - des Eck" mit einer Hand eine Ecke in die Luft zeichnen.
Zu „<u>je</u> - den Dreck" mit einer Hand einen Sturz in hohem Bogen andeuten.

Zeile 7: Zu jeder der drei Silben klatschen.

Zeile 8: Bei „weg" auf den Boden ducken.

Susi Sausewind

Susi Sausewind
ist ein schnelles Kind,
wie man nicht so leicht
noch ein and'res find't.
Saust um jedes Eck,
fliegt in jeden Dreck,
und ist schon ...
.... weg!

S s

Susi Sausewind

Das schmeckt gut mit S:
Sahne

Das riecht gut mit S:
Salbei

Susi

saust

Tom Trampeltier

Hast du schon einmal etwas von den Brüllbären gehört? Nein? Das ist auch nicht schade, denn die Brüllbären sind eine liederliche Gesellschaft. Sie hausen im Wald in einer engen, schmutzigen Höhle. Weil sie zu faul sind, Beeren, Wurzeln und Kräuter zu suchen, ernähren sie sich von rohem Fleisch. Sie fangen Hasen, Rehe und auch andere Tiere und fressen sie auf. Die Reste lassen sie einfach vor ihrer Behausung liegen. Du kannst dir vorstellen, wie es da stinkt!

Ganz anders geht es bei den Kuschelbären zu. Sie halten ihre Höhle hübsch sauber und reinlich, sammeln das ganze Jahr über fleißig Beeren, Kräuter, Pilze und Wurzeln. Die kleinen Kuschelbären spielen friedlich miteinander Fangen oder Verstecken.

Tom ist eines der Bärenkinder. Er ist genauso lieb und friedlich wie seine Geschwister, aber er hat eine etwas ungewöhnliche Eigenart: Wenn er sich bewegt, macht er einen ungeheuren Lärm. Er konnte von klein auf nicht gehen oder gar schleichen, er trampelte nur. Wenn er im Wald unterwegs ist, hört sich das an, als käme eine Horde wild gewordener Nashörner angetrabt. Seiner Mutter ist das entsetzlich peinlich, denn so etwas passt einfach nicht zu den sanften Kuschelbären. „Tom, kannst du nicht etwas leichter auftreten", sagt sie oft, „du bist doch kein Trampeltier!"

Doch dann kommt der Tag, an dem alle froh sind, dass sie Tom haben, denn wäre er nicht gewesen ... Aber das will ich dir der Reihe nach erzählen.

Die Brüllbären – du weißt schon, diese faule, unappetitliche Gesellschaft – beneiden die Kuschelbären seit langer Zeit schon um ihre hübsche, saubere und gemütliche Höhle. Sie sitzen oft zusammen und bereden, dass

137

die bessere Höhle eigentlich ihnen zustünde, denn sie seien schließlich die Stärkeren.

Eines Tages, als es bei ihnen wieder einmal besonders stinkt, beschließen sie, die Kuschelbären zu überfallen und aus ihrer Höhle zu vertreiben. Sie nehmen sich Verpflegung mit, denn sie brauchen einige Tage, bis sie am Ziel sind. Das letzte Stück Weg schleichen sie nur noch, damit sie ja nicht vorzeitig entdeckt werden. Gehört hat sie auch keiner, aber weil sich der Wind gedreht hat, kann man sie meilenweit riechen.

Als die Kuschelbären merken, wer da kommt, laufen sie alle in die Höhle, schließen das große Tor und verriegeln es. Voller Schreck merken sie, dass einer fehlt: Tom Trampeltier! Er ist an den Fluss gegangen, um zu baden, und noch nicht zurück. Zitternd sitzen sie da und hoffen, dass die Brüllbären vorbeigehen und dass Tom nicht gerade jetzt zurückkommt und ihnen über den Weg läuft. Doch dann beginnt vor dem Tor ein großes Geschrei: „Kommt heraus und kämpft mit uns, ihr feiges Gesindel! Wenn ihr zu feige zum Kämpfen seid, dann haut ab und überlasst uns eure elende Behausung!"

Jetzt wissen sie, warum die Brüllbären da sind: Sie wollen sie aus ihrer gemütlichen Höhle vertreiben! Völlig ratlos überlegen sie, was sie machen sollen. Kämpfen kommt natürlich überhaupt nicht in Frage, und die Vorräte in ihrer Höhle reichen höchstens für zwei Wochen. Außerdem: Was soll aus Tom werden?

In dem Augenblick fängt draußen vor der Höhle ein richtiges Getöse an, das immer lauter wird. Das muss Tom sein! Ausgerechnet jetzt muss er nach Hause kommen!

Die Brüllbären hören den Krach natürlich auch. Weil sie aber von Tom nichts wissen, glauben sie nichts anderes, als dass eine Horde wilder Tiere käme, um den Kuschelbären zu helfen.

Nun knacken und krachen die Äste schon ganz bedrohlich. Das Getrampel und Gestampfe kommt immer näher. Da ist es mit dem Mut der Brüllbären vorbei. Sie rennen Hals über Kopf davon, einer stolpert über den anderen. Und obwohl sie drei Tage gebraucht haben, um herzukommen, sind sie in einem Tag wieder zu Hause, so eilig haben sie es.

Tom aber ist von da an bei den Kuschelbären der Superheld. Es beschwert sich auch nie mehr jemand über sein lautes Getrampel, denn schließlich hat dieses Getrampel die Brüllbären in die Flucht geschlagen.

Tom Trampeltier

Tom Trampeltier,
der trampelt hier
so wie ein Stier
von eins bis vier.

Von vier bis sieben ist er still,
weil er nicht mehr trampeln will.
Dann macht er brav die Augen zu:
Tom Trampeltier gibt endlich Ruh'!

<u>Zeile 1 bis 4</u>: Rhythmisch von einem Bein auf das andere „trampeln".
<u>Zeile 5</u>: Finger auf den Mund legen.
<u>Zeile 6</u>: Kopf schütteln, mit den Händen verneinende Gesten ausführen.
<u>Zeile 7</u>: Kopf seitlich auf die gefalteten Hände legen, Augen zumachen.
<u>Zeile 8</u>: Bei „endlich" die Arme in die Luft strecken.

Tom Trampeltier

Tom Trampeltier,
der trampelt hier
so wie ein Stier
von eins bis vier.

Von vier bis sieben ist er still,
weil er nicht mehr trampeln will.
Dann macht er brav die Augen zu:
Tom Trampeltier gibt endlich Ruh'!

Tt

Tom Trampeltiers Höhle

Das schmeckt gut mit T:
Tomatenbrot

Das riecht gut mit T:
Thymian

Tom

trampelt

Die Unke Ulla

Manche Kinder haben es in der Schule nur deshalb schwer, weil sie ein bisschen anders sind als die meisten anderen, zum Beispiel ein bisschen größer oder ein bisschen kleiner, ein bisschen dicker oder ein bisschen dünner, oder weil sie rote Haare haben oder vielleicht ein Muttermal im Gesicht.

Da gibt es dann oft so richtige kleine Scheusale, denen es Spass macht, solche Kinder auszulachen, ihnen hässliche Sachen nachzurufen oder andere Kinder gegen sie aufzuhetzen. Vielleicht hast du so etwas selber schon einmal erlebt, dann weißt du ja, was ich meine.

Nun gibt es das aber nicht nur bei den Menschen, nein, auch bei den Tieren haben es diejenigen besonders schwer, die irgendwie anders sind als die anderen.

So lebt zum Beispiel im Krötenwald ganz allein in einer Erdhöhle die Unke Ulla. Sie ist sehr, sehr alt und sehr, sehr klug, und deshalb ist sie den meisten Tieren unheimlich. Sie haben richtig Angst vor ihr. Dabei könnte Ulla für sie so nützlich sein. Sie versteht nämlich von Medizin und Heilkräutern mehr als jeder Doktor und kann mit ihren Arzneien fast alle Krankheiten heilen.

Niemand weiß das besser als Gregor Kaninchen. Er war nämlich im letzten Winter so unglücklich auf einer vereisten Stelle ausgerutscht, dass er sich einen Vorderlauf gebrochen hatte. Gottseidank war das ganz nahe bei Ullas Höhle gewesen. Sie hörte ihn schreien und kam gleich herbeigelaufen. Gregor, der sich wie die meisten Tiere vor ihr fürchtete, bekam zuerst einmal einen Heidenschreck, als er sie sah. Doch dann gab sie ihm einen Schluck heißen Brombeerwein gegen die Kälte, da sah alles gleich freundlicher aus. Danach schiente sie sein gebrochenes Bein und wickelte einen Verband aus allerlei Wurzeln und Kräutern darum. Schließlich musste er noch drei Wochen lang jeden Tag einen Löffel voll Medizin nehmen. Aber heute läuft er wieder herum, als hätte er sich nie etwas gebrochen. Seitdem besucht er Ulla mindestens einmal in der Woche.

Für seine Verwandten, die Feldhasen, ist es jedenfalls ein wahres Glück, dass Gregor mit der Unke befreundet ist, denn sonst hätten sie sich nie zu ihr getraut, um Hilfe zu holen, als sie im letzten Frühjahr alle miteinander den Hasenschnupfen bekamen. Du musst wissen, dass Hasenschnupfen für Hasen mindestens so gefährlich ist wie eine Lungenentzündung für uns Menschen. Und dieses Mal hatte es die ganze Familie erwischt, alle, bis auf Toni Hase. Sie lagen in ihrer Behausung unter der Hecke und niesten, husteten und schnupften den ganzen Tag.

Toni, der das nicht mehr mit ansehen konnte, machte den Vorschlag: „Wie wäre es, wenn wir die Unke um Hilfe bitten?" Die anderen Hasen waren zuerst gar nicht damit einverstanden, denn sie fürchteten sich vor Ulla. Sie hielten sie für eine böse Hexe oder so etwas. Aber dann erinnerte Toni sie daran, dass sie doch schließlich im letzten Winter Onkel Gregor geholfen hatte. Und weil es den Hasen inzwischen so schlecht ging, dass ihnen ohnehin alles egal war, schickten sie Toni los, um Hilfe zu holen.

Der klopfte also an einem windigen Märznachmittag bei Gregor Kaninchen und erzählte ihm von dem Unglück, das seine Familie getroffen habe. „Da müssen wir gleich zu Ulla gehen. Die ist die einzige, die helfen kann", sagte Gregor und stand unverzüglich aus seinem Lehnstuhl auf. Als die beiden sich der Unkenhöhle näherten, wurde es Toni doch etwas mulmig. Aber er biss seine Hasenzähne zusammen und ließ sich nichts davon anmerken. Nun waren sie da. Gregor klopfte, und von drinnen hörte man eine etwas quäkende Stimme: „Kommt nur herein. Die Tür ist offen."

Da staunte Toni nicht schlecht, als er die Kräuterküche der Unke sah: Auf einem Regal standen reihenweise Glasflaschen mit einer dunklen Flüssigkeit.

In einem riesigen Kessel brodelte und dampfte es über einem offenen Feuer. Ulla stand da, rührte kräftig um und sagte dazu:

Gribis, grabis, Krötenbein,
unk, unk, unk,
Estragon und roter Wein,
unk, unk, unk,
dreimal rühren, Deckel drauf,
unk, unk, unk,
dieser Trank weckt Tote auf,
unk, unk, unk.

Jetzt erst begrüßte sie ihre Gäste. Als Toni ihr von dem Hasenschnupfen erzählt hatte, nahm sie drei Flaschen aus ihrem Regal, gab sie ihm und sagte: „Nehmt alle davon dreimal täglich einen Teelöffel voll. In fünf Tagen ist der Schnupfen leichter, und in zwei Wochen sind alle wieder gesund. Und außerdem", setzte sie hinzu, „werde ich euch noch eine Spezialmedizin brauen, die kann dann Gregor am Sonntag bei euch vorbeibringen."

Zu Hause wurde Toni schon sehnsüchtig erwartet. Wie freuten sich die Hasen, als er mit der Medizin zurückkam! Sie nahmen gleich alle etwas davon, und nach einer Stunde fühlten sie sich schon ein kleines bisschen besser. Zwei Tage später konnten sie sogar schon wieder aufstehen, wenn sie auch noch etwas wacklig auf den Beinen waren. Am Sonntag kam Gregor zu Besuch und brachte Ullas Spezialmedizin. Er staunte nicht schlecht, als er sah, wie gut es den Hasen schon ging. Es dauerte gar keine zwei Wochen, sondern nur zehn Tage, bis auch der letzte Hase wieder putzmunter war.

Nun sind sie nicht mehr so dumm, vor der Unke Angst zu haben, nur weil sie so klug ist. Nein, sie fragen sie oft um Rat in allen möglichen Angelegenheiten. Und weil Feldhasen sehr geschwätzig sind, wissen inzwischen auch die meisten anderen Tiere, wie klug und hilfsbereit Ulla ist. Deshalb geht es in der Unkenhöhle jetzt immer zu wie in einem Taubenschlag. Ulla aber findet das toll und freut sich über ihre vielen Besucher.

Ein Krötenspruch

Gribis grabis Krötenbein
unk unk unk
Estragon und roter Wein
unk unk unk
dreimal rühren, Deckel drauf
unk unk unk
dieser Trank weckt Tote auf
unk unk unk

Zeile 1 und 3: Über einem imaginären Topf mit ausgestreckten Händen magische, kreisförmige Handbewegungen ausführen.

Zeile 2, 4, 6 und 8: Zu jedem „unk" eine magische Handbewegung vom Körper weg, beim Wegstrecken der Hände Finger spreizen, beim Zurücknehmen der Hände an den Körper lockere Fäuste machen.

Zeile 5 und 7: Mit der rechten Hand in dem imaginären Topf rühren.

Unke Ulla

Ein Krötenspruch

Gribis grabis Krötenbein

unk unk unk

Estragon und roter Wein

unk unk unk

dreimal rühren, Deckel drauf

unk unk unk

dieser Trank weckt Tote auf

unk unk unk

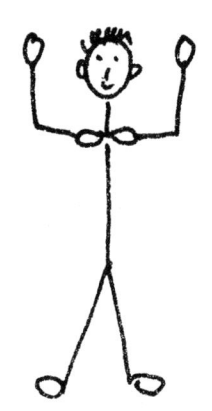

Unke

Angst

nur

Medizin

Vroni Vogelschreck

Bauer Holzmeier ist wütend. „Diese Spatzen, diese frechen Viecher!" schimpft er aufgebracht. „Schon wieder sind sie in meinem Kirschbaum! Aber wartet nur, euch werd' ich's zeigen!"

Er zimmert aus ein paar Latten ein Gestell. Dann holt er eine alte Jacke, Rock, Hut, Handschuhe und Schal, ja, sogar ein Bündel Flachs zieht er irgendwo hervor. Was das wohl werden soll?

Er zieht nun Rock und Jacke über das Holzgestell. An den Seiten steckt er die Handschuhe fest. Da kommen gerade die Kinder von der Schule heim.

„Papa baut eine Vogelscheuche! Toll!", freuen sie sich. Und mit Feuereifer gehen sie ihrem Vater nun zur Hand. Sie holen ein paar alte Strümpfe aus dem Haus, stopfen sie mit Stroh aus und binden sie unter dem Rock fest. Nun hat die Vogelscheuche Schlenkerbeine. Das sieht wirklich gruslig aus. Aus dem Flachsbündel werden Zottelhaare, die ein grinsendes Gesicht einrahmen, und obenauf kommt der zerbeulte Hut.

„Die schaut ja aus wie eine alte Hexe", meint Franz. „Wie wollen wir sie denn nennen?"

„Vroni", schlägt Lisa vor, „Vroni Vogelschreck. Ich finde, das passt gut zu ihr." Franz ist einverstanden. Die Kinder schleppen Vroni nun unter den Kirschbaum. Dort steckt der Vater das Gestell fest in die Erde.

Franz und Lisa nehmen sich kaum Zeit zum Mittagessen, so neugierig sind sie, was die Spatzen machen werden, wenn sie Vroni sehen. Sie müssen doch fürchterlich erschrecken! Und wirklich: Der erste Spatz, der sich auf dem Kirschbaum niederlassen möchte, dreht rasch eine Kurve und macht sich wieder aus dem Staub. So geht es noch ein paar Mal. An diesem Tag ist der Kirschbaum vor Plünderern sicher.

Aber am nächsten Tag sehen die Kinder, wie ein Spatz immer wieder um den Baum fliegt, immer näher zu Vroni. Jetzt umkreist er schon ganz frech ihren Kopf. Er setzt sich auf ihre Schulter. Und dann - das ist doch der Gipfel! - fliegt er ganz gemütlich in den Kirschbaum und isst sich satt. Die anderen Spatzen sehen das und kommen, erst vereinzelt und zögernd, dann in hellen Scharen, und fallen über den Kirschbaum her.

Vroni aber - so furchterregend sie auch aussehen mag - steht nur da und grinst ein bisschen dämlich.

Vroni Vogelschreck

Vögel, bleibt vom Kirschbaum weg!
Dort steht Vroni Vogelschreck!
Zottelhaare, Schlenkerbein,
so was muss gefährlich sein!
Doch die Spatzen, diese Fratzen,
sitzen auf dem Baum und schmatzen!
Vroni aber - o wie dumm! -
steht nur da und lächelt stumm.

Zeile 1 und 2: Abwehrende Bewegungen mit den Händen.
Zeile 3: In die Haare fassen, mit den Beinen schlenkern.
Zeile 4: Mit erhobenem Zeigefinger warnen.
Zeile 5 und 6: Hände in die Hüften stemmen, betont deutlich sprechen.
Zeile 7: Auf Vroni deuten, dann die Hände hochheben.
Zeile 8: Arme verschränken, lächelnd nach allen Seiten sehen.

Vroni Vogelschreck

Vögel, bleibt vom Kirschbaum weg!
Dort steht Vroni Vogelschreck!
Zottelhaare, Schlenkerbein,
so was muss gefährlich sein!
Doch die Spatzen, diese Fratzen,
sitzen auf dem Baum und schmatzen!
Vroni aber – o wie dumm! –
steht nur da und lächelt stumm.

Vv

Vroni Vogelschreck

V

Das schmeckt gut mit V:
Vanillekipferl

Das riecht gut mit V:
Vanille

Vroni

dumm

stumm

Vogel

Der wilde Wassermann

Alle Tiere im Meer haben Angst vor dem Wassermann. Doch nicht nur die Tiere, auch die Nixen machen einen großen Bogen um seine Behausung. Er sieht aber auch wirklich zum Fürchten aus: Seine grünen Haare stehen ihm ganz verzottelt vom Kopf ab. In den Schwimmhäuten zwischen seinen Fingern und Zehen hängt Seetang, und seine Kleider sind schmuddelig. Er spricht mit rauher Stimme und bewegt sich so tölpelhaft, dass er mit jedem Schritt Schlamm und Sand vom Meeresgrund aufwühlt. Deshalb ist das Wasser in seiner Nähe auch immer schmutzigtrüb.

Wenn die kleinen Fischkinder nicht brav sind, dann sagen ihre Mütter: „Entweder seid ihr sofort artig, oder ich schicke euch zum wilden Wassermann!" Und das wirkt immer, das könnt ihr mir glauben! So sehr fürchten sich also alle vor dem Wassermann. Der aber kümmert sich wenig darum, was die anderen von ihm denken. Er ist es gewohnt, immer alleine zu sein, und weiß gar nicht, dass es viel schöner wäre, wenn er Freunde hätte.

Doch das ändert sich eines Tages, als er auf einem seiner Streifzüge eine wunderschöne Nixe sieht. Die gefällt ihm so gut, dass er sie unbedingt kennen lernen will. Als die Nixe jedoch den wilden Kerl auf sich zukommen sieht, erschrickt sie so sehr, dass sie gleich in Ohnmacht fällt. Da ist der Wassermann traurig. Zum ersten Mal bemerkt er, dass er für andere Lebewesen wirklich nicht sehr anziehend aussieht mit seinen zotteligen Haaren und seinem ungepflegten Körper.

Er schwimmt nach Hause und beschließt, sich zu ändern. Zuerst einmal wäscht er sich sauber, schneidet seine Haare und bringt seine Kleider in Ordnung. In einer polierten Muschelschale betrachtet er sein Bild und findet sich schon sehr viel hübscher als vorher. Dann räumt er um seine Hütte herum auf und flickt das durchlöcherte Dach. Weil er nicht gleich wieder voller Sand und Schlamm werden möchte, bemüht er sich auch, etwas behutsamer aufzutreten, damit das Wasser sauber bleibt.

Nun will er ausprobieren, ob er immer noch so erschreckend wirkt. Er macht sich auf die Suche nach den kleinen Fischen, die immer im Seetang Verstecken spielen. Die erkennen ihn gar nicht, so verändert sieht er aus. Deshalb schwimmen sie auch nicht davon, als er näherkommt. Erst als er ihnen zuruft: „Was spielt ihr denn da?", sind sie auf einen Schlag alle verschwunden.

Die Stimme! Das muss seine Stimme sein, die ist noch zu rauh. Er übt zu Hause, ein bisschen sanfter zu sprechen, und macht sich am nächsten Tag wieder auf die Suche nach den kleinen Fischen. Dieses Mal lassen sie ihn näher kommen und sprechen auch mit ihm. Sie zeigen ihm sogar, wie das Versteckspielen geht, das kennt der Wassermann nämlich nicht, aber es macht ihm gleich großen Spaß.

Als sie gerade mitten im schönsten Spiel sind, kommt die Nixe wieder vorbei. Sie erkennt in dem schmucken, freundlichen Wassermann gar nicht den wilden, zotteligen Kerl, der sie neulich so erschreckt hat.

Was soll ich dir noch viel erzählen: Bald darauf heiraten die Nixe und der Wassermann. Und ein Jahr später kommt ein wunderhübscher kleiner Wassermannjunge mit grünen Haaren und blauen Augen auf die Welt. Er muss nie alleine spielen, denn jeden Tag kommen die Fischkinder und besuchen ihn.

Der wilde Wassermann

Es wohnt ein wilder Wassermann
im Wasser wild und grau.
Dort wohnt er ganz alleine,
ohne Kind und ohne Frau.

Wu wu, wu wu, wu wu.

O liebe Nixe, zart und fein,
willst meine Wasserfrau du sein?
O Wassermann, ich fürcht mich sehr,
dort, wo du wohnst, ist wild das Meer,

Sei zahm, du Meer,
sei blau, du Meer,
die Nixe traut sich sonst nicht her.

Es wohnt ein lieber Wassermann
im Wasser zahm und blau.
Er ist nicht mehr alleine,
hat ein Kind und eine Frau.

Wa wa, wa wa, wa wa.

1. Strophe: Den Vers mit wilder Stimme sprechen. Das „Wu wu" mit wilden Gesten begleiten.
2. Strophe: Die ersten beiden Zeilen spricht eine Hälfte der Klasse, die letzten beiden Zeilen die andere Hälfte.
3. Strophe: Mit beschwörenden Gesten das Meer besänftigen und mit „magischer" Stimme sprechen.
4. Strophe: Mit normaler Stimme sprechen, dazu, wenn vorhanden, aus dem Orff-Instrumentarium Schellenarmbänder, Triangel o.ä. Bei „Wa wa" mit den Händen kleine Wellenlinien in die Luft zeichnen.

Der wilde Wassermann

Es wohnt ein wilder Wassermann
im Wasser wild und grau.
Dort wohnt er ganz alleine,
ohne Kind und ohne Frau.

Wu wu, wu wu, wu wu.

O liebe Nixe, zart und fein,
willst meine Wasserfrau du sein?
O Wassermann, ich fürcht mich sehr,
dort, wo du wohnst, ist wild das Meer,

Sei zahm, du Meer,
sei blau, du Meer,
die Nixe traut sich sonst nicht her.

Es wohnt ein lieber Wassermann
im Wasser zahm und blau.
Er ist nicht mehr alleine,
hat ein Kind und eine Frau.

Wa wa, wa wa, wa wa.

Ww

Der wilde Wassermann

Das riecht gut mit W:
Waldmeister
Weihrauch

| wild |
| Wasser |
| Nixe |
| wohnt |
| Wassermann |

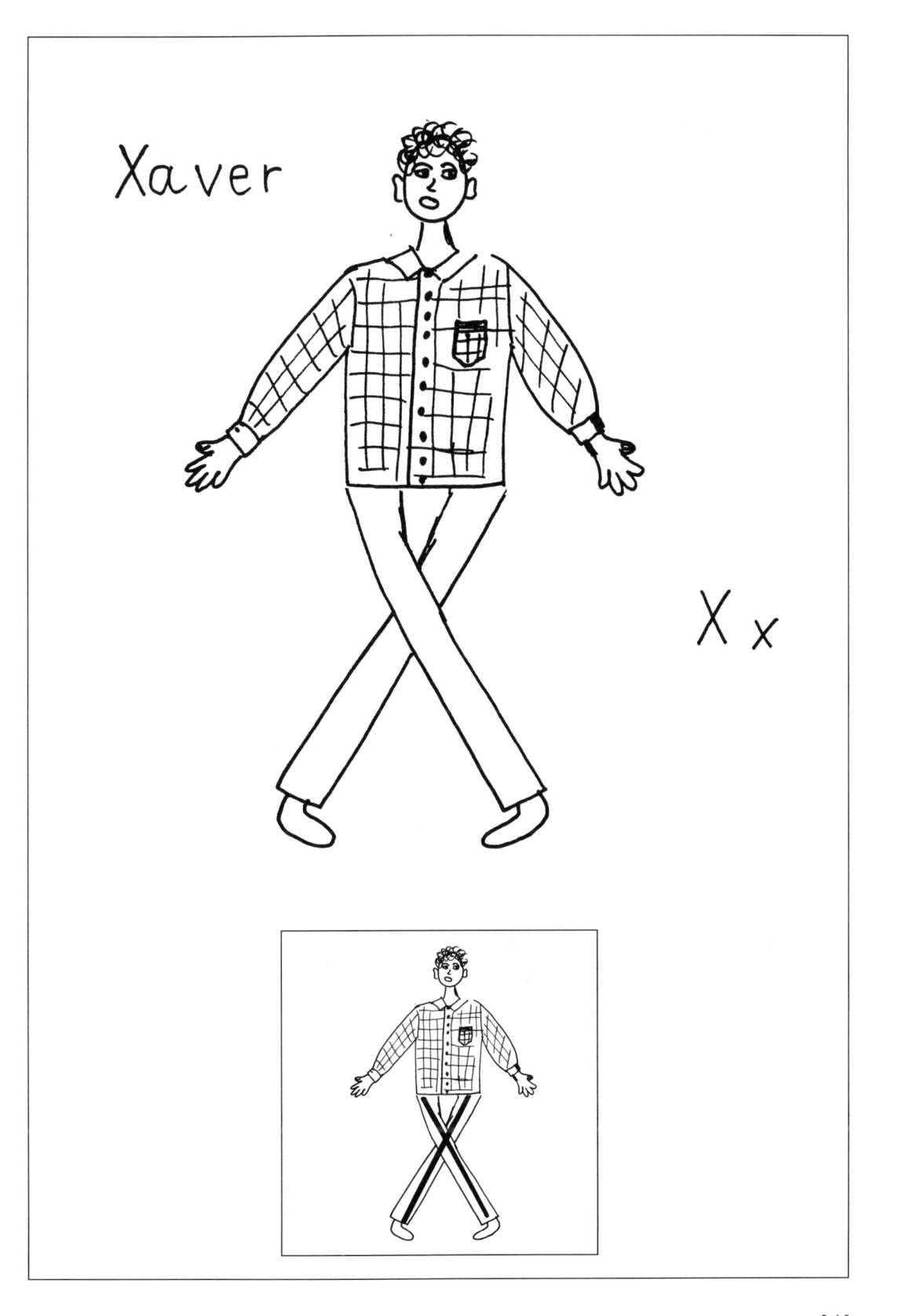

Xaver

X x

Xaver macht die tollsten Faxen

Ein X-Vers

Xaver macht
die tollsten Faxen,
wenn er schlenkert
mit den Haxen.

Zeile 1 und 2: Mit den Armen in der Luft herumfuchteln, dazu den Oberkörper hin und her bewegen.
Zeile 3 und 4: Gestreckte Beine abwechselnd nach vorne werfen.

Ein X-Vers

Xaver macht

die tollsten Faxen,

wenn er schlenkert

mit den Haxen.

Das schmeckt gut mit X:
Mixmilch

| Faxen |
| Xaver |

Yvonne macht Krach

Ein Y-Vers

Yvonne macht Krach,
ihr hört das schon,
sie hämmert auf das
Xylophon.

<u>Zeile 1 bis 4</u>: Mit imaginären Schlegeln in die Luft hauen.

Ein Y-Vers

Yvonne macht Krach,

ihr hört das schon,

sie hämmert auf das

Xylophon.

Yy

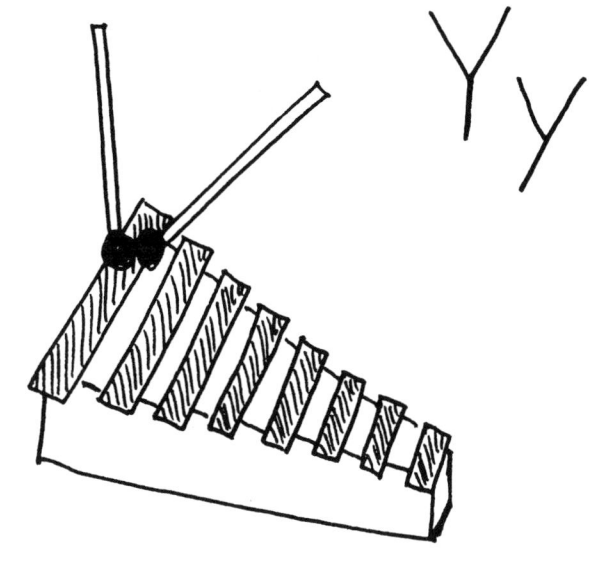

Das Xylophon

von Yvonne

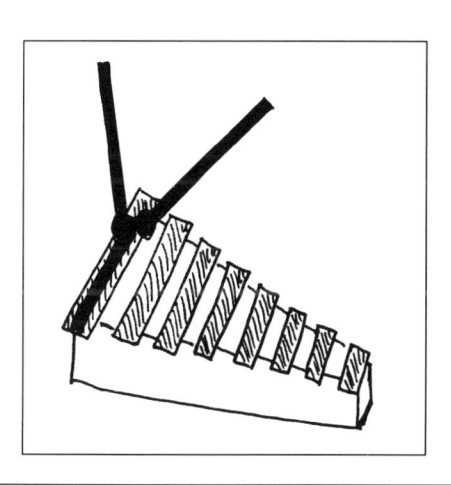

Y

Yak

Yvonne

typisch

Zara Zefirotti

Tommi und Marion besitzen zwei Meerschweinchen, die sie sehr lieb haben: den Meerschweinchenmann Micky und die Meerschweinchenfrau Olga. Im Sommer dürfen die beiden nachmittags immer frei im Garten herumlaufen. Nein, du musst keine Angst haben, dass sie ausreißen könnten. Sie sind so zahm, dass sie sofort kommen, wenn man ihre Namen ruft.

Aber eines Tages ist es doch passiert: Als es abends Zeit wird, die beiden ins Haus zu bringen, kommt nur Micky. Olga ist verschwunden. Die Kinder laufen im Garten herum, rufen nach ihr, schauen unter jeden Busch, aber zwecklos: Olga ist und bleibt verschwunden!

„Vielleicht hat sie jemand gestohlen?", meint Tommi.

„Vielleicht hat sie sich verletzt und kann nicht mehr laufen?", meint Marion.

Die Kinder nehmen sich vor, am nächsten Tag morgens gleich weiterzusuchen. Da ist – Gott sei Dank – Samstag, und sie haben den ganzen Tag Zeit, nach Olga Ausschau zu halten. Doch auch heute haben sie keinen Erfolg. Nirgends ist auch nur die kleinste Spur von Olga zu sehen.

Da hat Marion eine Idee. „Wir könnten doch Frau Zefirotti fragen!", meint sie. „Ob das den Eltern recht wäre?", gibt Tommi zu bedenken. Frau Zefirotti ist nämlich Wahrsagerin. Sie kann den Leuten aus der Hand lesen oder die Zukunft aus dem Kaffeesatz weissagen. Für schwierige Fälle hat sie auch noch eine Kristallkugel, in der sie alles sehen kann. Ein bisschen unheimlich ist den Kindern schon bei der Vorstellung zu ihr zu gehen. Aber sie sind so traurig wegen Olga, dass sie gar nicht mehr lange überlegen.

Zwei Häuser weiter wohnt Frau Zefirotti im dritten Stock einer alten Villa. Zaghaft öffnen die Kinder die schwere Haustür. Die Treppe knarrt so unheimlich. Am liebsten würden sie wieder umkehren. Aber was wird dann mit Olga? Nein, Frau Zefirotti ist ihre letzte Chance. Schließlich sind sie oben angekommen. Der sauber geputzte Klingelknopf aus Messing blinkt freundlich, und auf einem ebenfalls ganz blanken Messingschild steht in verschnörkelter Schrift:

Zara Zefirotti
Wahrsagerin

Gerade als Tommi zögernd die Hand ausstreckt, öffnet sich die Tür, und eine freundliche Dame fragt die Kinder: „Wollt ihr zu mir?"

Sie schaut gar nicht so unheimlich aus, wie sich die Kinder das vorgestellt haben. Eigenartig schon, ja, aber nicht unheimlich und schon gar nicht böse: Sie hat violette Locken und lange violette Fingernägel. Ihre Augenlider sind mit irgendeinem Glitzerzeug bemalt. Sie trägt einen schillernden Rock, der mit allerlei magischen Zeichen bestickt ist. Auf ihrer Bluse ist ein großes Z aus Perlen aufgenäht.

Marion hat sich als Erste wieder gefasst. „Ja, es ist nämlich wegen ..." – „Ich weiß schon", unterbricht sie die freundliche Dame. „Kommt nur herein!" Die Kinder folgen ihr in ein Zimmer, das zwar auch seltsam, aber gar nicht unheimlich wirkt. Sie setzen sich, und Zara Zefirotti holt aus einem Schrank einen runden Gegenstand, der sorgsam in schwarzen Samt gehüllt ist. Da sehen die Kinder schon, dass sie richtig geraten haben: Es ist die Kristallkugel. Die Wahrsagerin legt sie vorsichtig auf ein ebenfalls schwarzes Samtkissen, und dann konzentriert sie sich so sehr, dass sie ihre Besucher völlig vergessen zu haben scheint.

Nach einer Weile sagt sie: „Ja, genau! Das ist es!" Sie wendet sich wieder den Kindern zu. „Jetzt weiß ich, wo euer Meerschweinchen ist. Ihr braucht keine Angst zu haben. Es ist ihm nichts passiert!", fügt sie schnell hinzu, als sie sieht, wie Marion ängstlich nach Tommis Hand fasst. „Es geht ihm sogar sehr gut. Eure Olga hat vier prächtige Kinder bekommen. Sie hat ihre Kinderstube in eurer Gartenhütte eingerichtet, ganz hinten im Eck, wo die zusammengelegten Säcke auf dem Boden liegen. Und die Schubkarre steht auch noch davor." Die Kinder sind zuerst sprachlos, doch dann wollen sie von Frau Zefirotti noch alles Mögliche wissen.

Doch die sagt: „Jetzt habe ich keine Zeit mehr. Es ist schon gleich Mittag, und da will ich meine Spaghotti essen." „Spaghotti?", wundern sich die Kinder. „Warum nicht Spaghetti?" – „Weil die nicht so gut zu meinem Namen passen", erklärt Frau Zefirotti und bringt die Kinder zur Tür.

Die springen erleichtert die Treppe hinunter, laufen zu Hause gleich in den Schuppen, und wirklich: Da liegt Olga ganz glücklich mit ihren vier Jungen. Und während Frau Zefirotti ihre Spaghotti isst, laufen die Kinder gleich zu den Eltern, erzählen ihnen ihr Abenteuer und zeigen Olgas Junge her.

Zara Zefirotti
isst so gern Spaghotti.
Hieße sie Zefiretti,
äße sie Spaghetti.

Beim Aufsagen besonders die Endsilben „-otti" und „-etti" betonen.

Zara Zefirotti

isst so gern Spaghotti.

Hieße sie Zefiretti,

äße sie Spaghetti.

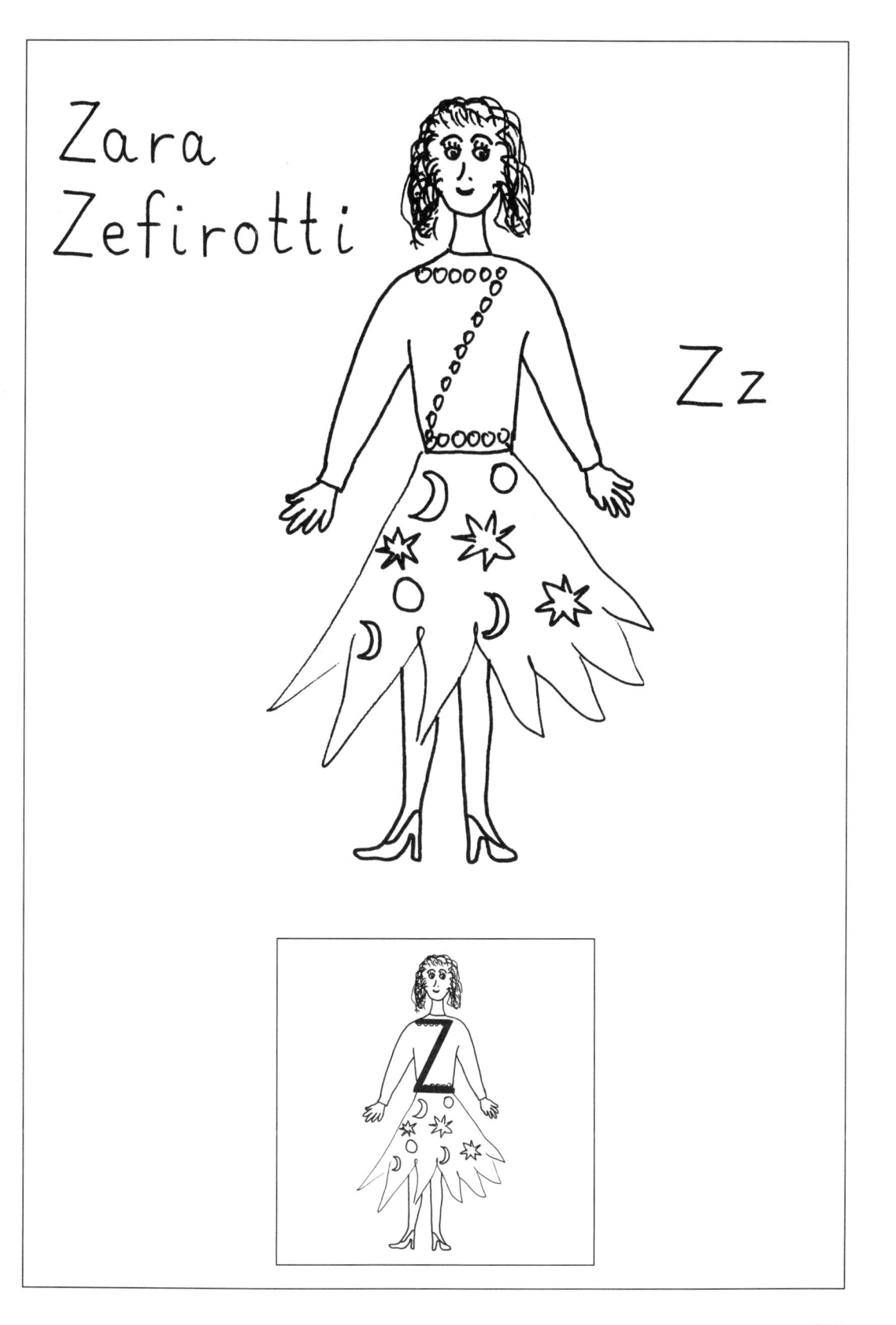

Zara Zefirotti

Zz

Das schmeckt gut mit Z:

Zitronentee

Das riecht gut mit Z:

Zitronenöl

Zedernöl

Zara

zaubert

Anhang
Geschichten zum Abschreiben und Lesen

Anton mit dem langen Arm

Anton ruft: O weh, mein
langer, langer Arm!
Der Arm ist wieder gut.

Wer ist das?

Hilda kann toll hopsen.
Sie will auch immer
nur hopsen.
Sie hopst sogar im Bett.
Alle fragen: Was ist das?
Ist das ein Ball oder
ein Kind oder ein Hund
oder was?
Das ist Hilda!

Bruno und Herr Biermann

Herr Biermann ist immer
so allein.
Er will einen Freund.
Er kauft sich einen lieben
kleinen Dackel.
Den Dackel nennt er Bruno.
Erst ist Bruno ganz klein.
Dann wird er lang und länger
und noch länger.
Oje! Er ist so lang,
dass alle Leute lachen!
Sie rufen: Ist das eine
Wurst oder eine Schlange?
Herr Biermann und Bruno
ärgern sich.

Bruno geht zum Zirkus

Da kommt ein Zirkus
in die Stadt.
Zirkus Sensationelli.
Bruno und Herr Biermann
gehen zum Direktor.
Der Direktor ist von Bruno
ganz begeistert.
Er ruft: So was kann ich
im Zirkus gut brauchen!
Das ist ja toll!
Also bleiben Bruno und
Herr Biermann beim Zirkus.

Bruno ist ein Star

Jeden Abend tritt Bruno
im Zirkus auf.
Er hat eine tolle Nummer.
Er steht als Brücke
zwischen zwei Pferden.
Auf seinem Rücken laufen
zwei Hasen hin und her.
Alle Leute rufen: Toll,
Bruno! Zugabe! Zugabe!
Bruno und Herr Biermann
sind glücklich.

Dora Dussel

Wo ist die Ente Dora?
Dora ist im Wald.
Dora will lesen.

Male Dora, wie sie liest!

Fredis Traum

Fredi hört, wie die Mutter
ein Märchen liest.
Er will ein Prinz sein.
Er will, dass ihn die Kinder
küssen.
Fredi ruft: Quak, quak!
Die Kinder rufen: Fredi,
sei still!

Die goldene Gans

Das Männlein will etwas essen.
Hans findet unter der Tanne die goldene Gans.
Die Mädchen wollen eine goldene Feder.
Alle kleben an der Gans.
Das ist lustig.

Male, wie alle an der Gans kleben!

So ein Schreck!

Jocki kräht so laut.
Da bekommt Herr
Professor Schlaukopf Angst.
Er versteckt sich im Schrank
und traut sich nicht heraus.
Der Bauer hört es rumpeln
und schaut nach.
Da sitzt der Professor im
Schrank und zittert.
Der Bauer lacht und
erklärt ihm alles.
Da schämt sich der
Professor ein bisschen,
dass er so feige war.

Otto und die tolle Oma

Otto hat eine Oma.

Die Oma kann zaubern.

Sie kommt mit den

Rollschuhen.

Popcorn – Plopcorn

Nelli und Mama kochen
Popcorn.
Im Topf knallt es schon.
Da läutet es an der Tür.
Mama geht raus.
Sie sagt zu Nelli: Mach ja
den Deckel nicht auf.
Aber Nelli ist neugierig.
Sie hebt den Deckel hoch.
Oje!
Überall springt
Popcorn rum.
Jetzt kommt Mama.
Erst ist sie ärgerlich,
aber dann muss sie lachen.
Sie sagt: Jetzt kochen wir
neues Popcorn.

Da ist was los

Susi kann rennen.
Sie rennt mit dem 🛒 .
Sie rennt mit dem Rad.
Sie rennt mit dem Roller.
Susi! Susi!
Da ist ein 🌳 !
Susi rennt und rennt.
O weh!

Male, was los ist.

Der Wassermann

Der Wassermann ist wild.
Das Wasser ist grau.
Wu wu, wu wu, wu wu.

Der Wassermann ist lieb.
das Wasser ist blau.
Wa wa, wa wa, wa wa.

Quellenverzeichnis

1 Christina Buchner: Neues Lesen – Neues Lernen. Vom Lesefrust zur Leselust, Südergellersen 1991 (Verlag Bruno Martin); 6. Aufl.: Freiburg 1996 (VAK)
2 Christina Buchner, ebd., S. 146 ff.
3 Gordon Stokes/Daniel Whiteside: ONE BRAIN-Workshop-Buch. Korrektur legasthenischer Lernstörungen und Gehirnintegration, 2. Aufl., Freiburg 1992 (VAK Verlag für Angewandte Kinesiologie); siehe auch: Christina Buchner, a.a.O., S. 176 ff.
4 Marshall MacLuhan: The Medium is the Message, 1967
5 Thomas R. Blakeslee: Das rechte Gehirn. Das Unbewußte und seine schöpferischen Kräfte, 4. Aufl., Braunschweig 1992 (Aurum)
6 Christina Buchner, a.a.O.
7 Christina Buchner, ebd.
8 Christina Buchner, ebd., S. 41
9 Christina Buchner, ebd., S. 39 f.
10 Hiltraud Prem: Eine vergnügte Ballonfahrt ins Leseland, München 1986 (Grafenstein)
11 Siehe hierzu auch: Christina Buchner, a.a.O.
12 Vgl. Christina Buchner, ebd.

Über die Autorin

Christina Buchner ist Lehrerin und lebt in Südbayern. Sie hat eine Tochter und konnte wie viele Eltern erleben, dass die Schule vielen Kindern mit zunehmendem Alter immer weniger Spaß macht.

Seit zwanzig Jahren erprobt Christina Buchner alternative Unterrichtsmethoden: Projektunterricht, Lernen mit der rechten Gehirnhälfte ... Nachdem sie zehn Jahre lang an der Hauptschule gewesen war und viele Schüler kennengelernt hatte, die nicht lesen konnten, wechselte sie an die Grundschule. Dort entwickelte sie die neue Leselernmethode, die sie in diesem Buch vorstellt.

Weitere Bücher: Schreibvergnügen, München 1990 (Oldenbourg); Neues Lesen – Neues Lernen, Südergellersen 1991 (Vlg. Bruno Martin); Theaterspaß zum Selbermachen, München 1991 (Oldenbourg); Stillsein ist lernbar. Konzentration – Meditation – Disziplin in der Schule, Freiburg 1994 (VAK).

Christina Buchner:
Brain-Gym® & Co. –
kinderleicht ans Kind gebracht

Immer mehr Kinder brauchen gezielte Lernförderung. Immer mehr Lehrer interessieren sich für alternative pädagogische Ansätze, darunter auch für die Kinesiologie. Manche Lehrer, die Brain-Gym® in der Schule einsetzen wollen, machen die frustrierende Erfahrung, daß die Übungen gerade bei denjenigen Schülern nicht „ankommen", die die Übungen am dringendsten bräuchten. Diesen Lehrern zeigt Christina Buchner Wege, wie sie einige zentrale kinesiologische Übungen auf einfache und spielerische Weise in ihren Unterricht einführen können: Freie und unreglementierte Bewegungen lassen die Wirkung von Bewegung überhaupt erst einmal spüren. Langsamer Übungsaufbau vermeidet die Frustration des Nicht-Könnens.

1997, 239 Seiten, zahlreiche Abb., Paperback (18 x 24,5 cm),
39,80 DM / 37,– sFr / 291,– öS, ISBN 3-932098-01-3

Christina Buchner, Silvia Wimmer:
Wassermann und Eskimo
Bilder und Texte zum Konzentrieren und Entspannen. Ideenmappe für Schule, Kindergarten, Familie

Als Antwort auf die zunehmenden Lern- und Verhaltensstörungen von Kindern wird gezielte Entspannung immer wichtiger. Dieses Buch enthält 15 künstlerisch gestaltete Meditationsbilder, die als Übungsvorlagen für die Arbeit mit Kindern aller Altersgruppen geeignet sind. Die Bilder beinhalten jeweils mehrere mögliche „Geschichten", Motivebenen oder Szenarien und dienen damit als Anregungen für insgesamt etwa 50 verschiedene Phantasiereisen. Stichworte zu jedem Bild helfen auch unerfahrenen Eltern, Lehrern und Erziehern, dazu etwas zu erzählen.

1997, 36 Seiten, 15 Abbildungen, Pappebuch (24 x 21 cm), mit beigelegtem Anleitungsheft (16 Seiten),
39,80 DM / 37,– sFr / 291,– öS, ISBN 3-932098-16-1

Christina Buchner:
Stillsein ist lernbar
Konzentration, Meditation, Disziplin in der Schule

Immer weniger Kinder können heute noch richtig zuhören, horchen, ge-horchen. Die Flut der Bilder von außen – etwa die des Fernsehens – verhindert das Entstehen eigener innerer Bilder. Kinder haben mehr Zerstreuung, als ihnen guttut. Was ihnen fehlt, ist Sammlung. Lehrer sind zunehmend mit Lernstörungen, mit Hyperaktivität und Aggressivität konfrontiert. Die Entspannungs-, Konzentrations- und Meditationsübungen, die die Autorin dem entgegensetzt, machen fruchtbares Unterrichten wieder möglich. Das Buch bietet eine Fülle von Vorschlägen, die sich in der Schule bewährt haben. Es zeigt im Detail, wie Schüler (und Lehrer) das Stillsein Schritt für Schritt erlernen und dabei mit Schwierigkeiten umgehen können.

3. Auflage 1996, 182 Seiten, 30 Abbildungen, Paperback (18 x 24,5 cm),
36,– DM / 33,– sFr / 263,– öS, ISBN 3-924077-65-7

Brain-Gym® mit Maxi. Das Kartenspiel
Illustriert von Haralds Klavinius

Brain-Gym® mit Maxi ist die lang erwartete Ergänzung zu den Brain-Gym®-Büchern von Gail und Paul Dennison. *Brain-Gym®* mit Maxi trifft den Ton von Kindern und kann spielerisch und hilfreich im Alltag eingesetzt werden.

1997, 28 farbige Übungskarten (8,5 x 12 cm) plus Anleitungsheft (32 Seiten) in Doppelschuber, **24,80 DM / 23,- sFr / 181,- öS**, ISBN 3-932098-17-X

Fred Warnke:
Was Hänschen nicht hört ...
Elternratgeber Lese-Rechtschreib-Schwäche

Was Hänschen nicht genau hört, kann Hänschen auch nicht richtig schreiben. Von diesem Grundgedanken ausgehend, zeigt der Autor neue Wege der Früherkennung und Überwindung der Lese-Rechtschreib-Schwäche („Legasthenie") auf. Die leicht verständliche Beschreibung der spielerischen Test- und Trainingsverfahren, die er selbst entwickelt hat, ermöglicht es jeder Familie, diese Verfahren selbständig zu Hause anzuwenden. Dazu dienen auch die Übungstexte für Kinder mit 28 ganzseitigen Bildern und die zusammen mit diesem Buch erschienene CD *Dyslexie und Hör-Lateralität*; sie enthält außer dem Früherkennungstest einen Fachvortrag mit zahlreichen Hörbeispielen zu den Themen des Buches.

3. überarbeitete Auflage 1998, 176 Seiten, 28 Abbildungen, Paperback (21 x 29,2 cm),
39,80 DM / 37,- sFr / 291,- öS, ISBN 3-924077-56-8

---

*Das **IAK Institut für Angewandte Kinesiologie GmbH, Freiburg**, veranstaltet laufend Kurse in Touch For Health (Gesund durch Berühren), in Edu-Kinestetik, in Entwicklungskinesiologie und in vielen anderen Bereichen der Angewandten Kinesiologie. Dank enger persönlicher Kontakte zu den Pionieren der AK ist das Institut in der Lage, ständig die neuesten Entwicklungen auf diesem Gebiet zu präsentieren.*

Außerdem fördert das Institut die Verbreitung der Angewandten Kinesiologie im deutschsprachigen Raum durch Literaturempfehlungen und Adressenvermittlung.

Wer an der Arbeit des Instituts interessiert ist, kann kostenlose Unterlagen anfordern bei (bitte mit 3,- DM frankierten Rückumschlag beilegen):

IAK Institut für Angewandte Kinesiologie GmbH, Freiburg
Eschbachstraße 5, D-79199 Kirchzarten, Telefon 076 61-98 71 0, Telefax 076 61-98 71 49